EINFACH GUT

Silke von Küster (Hrsg.)

Linsen, Bohnen & Co.

FALKEN

Müller's Mühle
Grüne Erbsen
Teller-Linsen
Weiße Bohnen
Schälerbsen
Kichererbsen
Garbanzos
Bohnen-Mix
Mixed Beans
Rote Linsen
Split Red Lentils
Wachtelbohnen
Pinto Beans
Küche der Welt
Landküche
NEU

INHALT

Zu diesem Buch

Erbsen, Bohnen, Linsen – die klassischen Hülsenfrüchte – sind den meisten als Eintopf oder Suppen bekannt. Sie wurden früher am Samstag, dem typischen Eintopf-Tag, serviert. Eine Zeitlang waren die Hülsenfrüchte etwas in Vergessenheit geraten, doch erleben sie derzeit eine Renaissance. Besonders die Diskussion über gesunde Ernährung hat die Nachfrage nach Hülsenfrüchten belebt, da sie einen hohen ernährungsphysiologischen Wert haben. Heute verarbeiten auch Feinschmeckerrestaurants Hülsenfrüchte zu delikaten und ausgefallenen Gerichten. In diesem Buch können Sie anhand der vielen Rezepte die unterschiedlichsten Verwendungsmöglichkeiten für Hülsenfrüchte kennenlernen. Angefangen mit leckeren Vorspeisen und interessanten Beilagen spannt sich der Bogen über heimische und internationale Salate bis zu außergewöhnlichen Suppen und Eintöpfen, die natürlich nicht fehlen dürfen. Es folgen Hauptgerichte aus dem Topf und aus der Pfanne. Hier finden Sie sowohl vegetarische Gerichte als auch solche mit Fleisch, Fisch oder Geflügel. Das letzte Kapitel enthält Gebackenes und Überbackenes. Sie werden staunen, wie vielfältig das Kochen mit Hülsenfrüchten ist.

Infos zu den Rezepten

Die Portionsangaben
Alle Rezepte dieses Buches sind für 4 Personen berechnet.

Die Zubereitungszeiten
Die in jedem Rezeptkopf angegebene Zubereitungszeit umfasst die Vorbereitungs- und die Garzeit. Sonderzeiten, wie Einweichzeit oder Zeit zum Marinieren, werden gesondert ausgewiesen.

Die Kalorienangaben
Sie beziehen sich in der Regel auf eine Portion.

Zutatenmengen
Die Zutatenmengen von Gemüse/Obst beziehen sich auf die ungeputzte Rohware.

Die Backofentemperatur
Die Temperaturangaben beziehen sich auf einen herkömmlichen Elektroofen mit Ober- und Unterhitze.

Die Abkürzungen

EL	=	Esslöffel
TL	=	Teelöffel
Msp.	=	Messerspitze
ml	=	Milliliter
l	=	Liter
g	=	Gramm
Pr.	=	Prise
kcal	=	Kilokalorien
ca.	=	circa
Min.	=	Minuten
Std.	=	Stunden
Bd.	=	Bund
geh.	=	gehackt
ger.	=	gerieben
gem.	=	gemahlen

Die verfeinerten Essgewohnheiten in der deutschen Küche ließen Erbsen, Linsen und Bohnen eine Zeitlang etwas in Vergessenheit geraten. Sie galten als schwer verdaulich und die Zubereitung als zeitraubend. Doch heutzutage weiß man nicht nur ihren kräftigen Geschmack, sondern auch den gesundheitlichen Wert der Hülsenfrüchte sehr zu schätzen. Durch das Angebot an geschälten Produkten hat auch die Industrie, wie z. B. die Firma Müller's Mühle, dafür gesorgt, dass die Hülsenfrüchte leichter verdaulich sind und schneller gar werden.

Definition und Herkunft
Als Hülsenfrüchte werden die reifen, luftgetrockneten Samen der „Hülsenfrüchtler" (Leguminosen) bezeichnet. Botanisch gehören die Pflanzen zu den Schmetterlingsblütlern. Die Samen der Erbsen, Bohnen und Linsen reifen in Fruchthülsen oder Schoten heran.
Hülsenfrüchte gehören zu den ältesten Kulturpflanzen der Menschheit. Aus wirtschaftlichen und klimatischen Gründen werden sie bei uns kaum angebaut. Der Ursprung und die Heimat der Hülsenfrüchtler sind die Länder Mittel- und Südamerikas, des mittleren Ostens, Afrikas und Asiens. In allen diesen Ländern sind Hülsenfrüchte noch heute ein wichtiges Grundnahrungsmittel. Sie wurden und werden wegen ihrer guten Lagerfähigkeit und dem hohen ernährungsphysiologischen Wert vor allem als Wintervorrat sehr geschätzt.

Gesundheitlicher Wert der Hülsenfrüchte
Das pflanzliche Eiweiß hat gegenüber dem tierischen Eiweiß eigentlich eine geringere biologische Wertigkeit. Hülsenfrüchte haben jedoch von allen pflanzlichen Produkten den höchsten und hochwertigsten Eiweißgehalt. Da unsere heutige Ernährung zu einem allzu großen Teil aus Fleisch und damit tierischem Eiweiß besteht, raten Ernährungsexperten immer häufiger zu einer Umstellung von tierischem auf pflanzliches Eiweiß. Hülsenfrüchte bieten mit ihrem hohen Gehalt an pflanzlichem Eiweiß eine sinnvolle Alternative.
Diese Nahrungsmittelgruppe ist außerdem reich an Kohlenhydraten, besonders den Ballaststoffen, die in der heutigen Ernährung oftmals nicht in ausreichender Menge aufgenommen werden. Ballaststoffe hielt man früher wegen ihrer Unverdaulichkeit für eine unnötige Belastung von Magen und Darm. Heute weiß man jedoch um ihre Bedeutung für eine gesunde Verdauung. Der von den Wissenschaftlern definierte tägliche Bedarf von 30 g bis 50 g Ballaststoffen kann durch eine Ernährung mit Hülsenfrüchten gut gedeckt werden. Erbsen, Linsen und Bohnen enthalten zudem wichtige Mineralstoffe (Natrium, Kalium, Calcium, Phosphor, Magnesium) und Spurenelemente (Eisen, Fluor). Sie sind außerdem reich an Vitamin A, C, B_1, B_2 und Niacin.

Die wichtigsten Hülsenfrüchte
Erbsen:
Es gibt mehr als 250 verschiedene Erbsensorten, die sich in Größe, Form und Farbe unterscheiden. Erbsen haben einen hohen Stärkegehalt, wodurch sie beim Kochen mehlig und zart werden.

Grüne und gelbe Erbsen:
Die Erbsenfarbe (gelb oder grün) hängt von der Bodenbeschaffenheit und der

Sonneneinstrahlung ab. Erbsen müssen 10 bis 12 Stunden eingeweicht werden.

Grüne und gelbe Schälerbsen:
Bei diesen Erbsen wurde durch einen Schälprozess die harte, unverdauliche Zellulosenschale entfernt. Dadurch sind sie leichter verdaulich, bekömmlicher, und sie werden beim Kochen schneller gar. Durch das Schälen reduziert sich allerdings der Ballaststoffgehalt. Diese Erbsen werden gerne für Erbsenpüree und sämige Suppen verwendet. Erbsen, die beim Schälen oder anschließenden Polieren in Hälften zerfallen, werden als Splittererbsen bezeichnet und angeboten.

Kichererbsen:
Kichererbsen sind die gelblichen, haselnussgroßen Samen einer Erbsensorte, die vorwiegend in Mexiko, Spanien und Vorderasien angebaut wird. Sie eignen sich sehr gut für die in diesen Ländern traditionellen Eintöpfe, für Salate oder als Beilage und müssen ebenfalls 10 bis 12 Stunden vor dem Kochen quellen.

Bohnen:
Es gibt heutzutage etwa 500 verschiedene Bohnensorten. Die Bohnen, die bei uns als Hülsenfrüchte angeboten werden, brauchen zum Wachsen und Reifen ein warmes Klima und kommen aus den USA, Kanada, den Niederlanden, Rumänien und Argentinien.
Bohnen haben unterschiedliche Farben und Formen und werden deswegen auch gerne zum Basteln verwendet. Sie müssen vor dem Kochen ebenfalls eingeweicht werden.

Weiße Bohnen:
Diese Bezeichnung ist ein Sammelbegriff für weiße bis cremefarbene Bohnen. Sie sind bei uns am gebräuchlichsten und kochen weich, sämig und cremig.

Kidneybohnen:
Sie haben eine kräftige rote Farbe und einen mehligen Kern. Diese festkochenden Bohnen werden in Amerika und Afrika geerntet und gerne zu scharfen Fleischgerichten verwendet.

Wachtelbohnen:
Diese rot-braun-beige gesprenkelten, mittelgroße Bohnen sind den getupften Wachteleiern ähnlich und haben daher ihren Namen. Sie sind optisch sehr dekorativ und werden gerne für Salate verwendet.

Braune Bohnen:
Sie kommen aus Holland und werden im ostfriesischen Raum für Suppen und Salate verwendet.

Schwarze Bohnen:
Sie haben eine lackschwarze Schale, stammen aus Südamerika und werden dort für viele Nationalgerichte genommen.

Sojabohnen:
Sie sind die bedeutendsten und vielseitigsten Hülsenfrüchte, da sie reich an wertvollem Eiweiß und Fett sind. Viel wichtiger als die ganzen Bohnen aber sind die daraus gewonnenen Erzeugnisse wie z. B. Sojaöl, -mehl,-eiweiß und -quark (Tofu).

Mungobohnen:
Diese in China und Indien beliebte Bohnenart ist erbsengroß, olivgrün, sehr vitaminreich und aromatisch.

Linsen:
Linsen tragen den botanischen Namen „Lens culinaris", was darauf hinweist, dass sie auch in der feinen Küche stets beliebt waren. Ihre Heimat ist Vorder- und Zentralasien. Sie brauchen zum Gedeihen ein heißes, trockenes Klima und werden heutzutage auch in Kanada, Chile, Türkei, den USA und China angebaut.

Linsen sind scheibenförmige Samen, die nach der Ernte hell- bis olivgrün sind. Nach längerer Lagerung werden sie gelbbraun bis braun. Die Verfärbung beeinträchtigt weder den Wohlgeschmack noch die Kochfähigkeit. Linsen werden nach der Größe unterschieden und sind im Durchmesser 6 mm und 7 mm (Tellerlinsen) am gebräuchlichsten. Je größer der Samen, umso wertvoller sind die Linsen. Geschmacklich sind jedoch die kleinen Linsen wegen ihres höheren Schalenanteils überlegen. Für die Konservenherstellung werden die kleineren Linsen bevorzugt.

Tellerlinsen:
Sie werden auch Hellerlinsen genannt und sind die bei uns bevorzugte Linsensorte. Sie haben eine flache Form und kochen schnell gar. Im übrigen sollte man Linsen, sofern man sie nicht pürieren möchte, nicht völlig verkochen, sondern nur bissfest garen.

Rote Linsen:
Diese Linsenart wird vor allem in Indien und in der Türkei angebaut. Sie hat eine lilafarbene Schale und einen leuchtend orange-roten Kern. Die roten Linsen kochen sehr schnell zu Brei. Beim Kochen wandelt sich die orange Farbe in einen gelblichen Ton.

Gelbe Linsen:
Es handelt sich hierbei um geschälte Linsen, die sehr schnell zu Brei verkochen. Ihnen fehlt das typische Linsenaroma.

Was sollten Sie beim Kochen beachten
Anhand dieses Buches erfahren Sie, für welch schmackhafte und interessante Rezepte die verschiedenen Hülsenfrüchte verwendet werden können. Ungeschälte Hülsenfrüchte (Erbsen und Bohnen) müssen vor dem Kochen 10 bis 12 Stunden eingeweicht werden. Dazu sollte das Wasser möglichst kalkarm sein. Kalkhaltiges Wasser kochen Sie besser vorher ab und lassen es dann abkühlen.
Wenn Sie die Hülsenfrüchte anschließend im Einweichwasser kochen, gehen auch die ausgelaugten Mineralstoffe und Vitamine nicht verloren. Geschälte Erbsen und Linsen brauchen nicht eingeweicht zu werden, es sei denn, man möchte die Kochzeit verkürzen.
Geben Sie erst nach ausreichendem Garen der Hülsenfrüchte Salz, Essig oder Zitronensaft zu, sonst werden die Hülsenfrüchte nicht weich. Die Zugabe von Natron verkürzt ihre Kochzeit.

Vor allem Linsen vertragen geschmacklich eine ‚süße Säure' und werden durch einen Schuss Obstessig oder Zitronensaft verfeinert.

Keimung von Hülsenfrüchten
Das Selbstziehen von Keimlingen aus Hülsenfrüchten – wozu sich übrigens alle Hülsenfrüchte eignen – geht relativ einfach. In China ist dieses Verfahren eine alte Tradition (Sojasprossen), bei uns wird es erst in letzter Zeit für die Küche entdeckt. Nach 2 bis 5 Tagen kann man die Keimlinge ernten und nach kurzem Blanchieren als Zutat für Salate, Suppen oder Gemüsegerichte verwenden. Ähnlich wie die Hülsenfrüchte selbst sind auch die Keimlinge ernährungsphysiologisch besonders hochwertig. Da man sie das ganze Jahr über herstellen kann, stellen sie eine positive Bereicherung für den Speiseplan dar. Beim Keimen von Linsen können Samen und Keimlinge auch roh gegessen werden.

Und so wird es gemacht:
1. Eine Tasse Hülsenfrüchte waschen und über Nacht in reichlich Wasser quellen lassen.
2. Die gequollenen Hülsenfrüchte in ein Einmachglas geben und dieses mit Gaze und einem Gummiring verschließen. Das Glas bei Zimmertemperatur schräg mit der Öffnung nach unten stellen und die Samen zweimal täglich durch die Gaze spülen. Das Wasser ablaufen lassen und das Glas wieder wie beschrieben aufstellen.
3. Nach 2 bis 5 Tagen können die Keimlinge geerntet werden. Sie sollen knackigfrisch aussehen und einen süßlichen bis nussartigen Geschmack haben.

Rote Linsen mit Mango *indisch · würzig*

1. Die Linsen waschen und verlesen. Sie zusammen mit gut 400 ml Wasser und der Kurkuma aufkochen lassen und zugedeckt unter häufigem Rühren in etwa 30 Minuten weich garen.

2. Inzwischen die Mango schälen, das Fruchtfleisch in Spalten vom Stein abschneiden. Das Butterschmalz in einer Pfanne erhitzen, den Kreuzkümmel darin anrösten. Die Mangospalten ebenfalls kurz anbraten (sie sollen weich werden, aber nicht zerfallen). Cayennepfeffer und Garam Masala auf die Mangospalten streuen und alles vorsichtig vermengen.

3. Die Linsen kräftig durchrühren und so leicht pürieren. Das Püree mit Salz abschmecken. Das Koriandergrün fein hacken. Die Mangospalten zu den Linsen geben und alles mit dem Koriandergrün bestreuen.

Tipp
Garam Masala ist eine indische Gewürzmischung, die man bei uns in Reformhäusern und Asienläden erhalten kann.

ca. 40 Minuten
ca. 320 kcal

- **200 g rote Linsen**
- **1/2 TL gemahlene Kurkuma**
- **1 kleine unreife Mango**
- **6 EL Butterschmalz**
- **1 1/2 TL Kreuzkümmelsamen**
- **1/2 TL Cayennepfeffer**
- **1 TL Garam Masala**
- **etwas Salz**
- **etwas frisches Koriandergrün**

Linsencurry *exotisch · schnell*

1. Die Linsen waschen und verlesen. Sie in gut 1/2 l kaltem Wasser aufsetzen, salzen, pfeffern und zugedeckt in etwa 8 Minuten nicht zu weich garen.

2. Inzwischen die Frühlingszwiebeln putzen, waschen und in feine, schräge Ringe schneiden. Den Knoblauch schälen und hacken. Die Chilischoten waschen, längs aufschlitzen, entkernen und in dünne Ringe schneiden. Die Paprikaschote putzen, waschen und in feine Streifen schneiden.

3. Das Butterschmalz in einer breiten Pfanne erhitzen. Die Frühlingszwiebeln, den Knoblauch, die Chiliringe und die Paprikastreifen darin unter Rühren etwa 2 Minuten anbraten.

4. Die Gewürze kurz mit anschwitzen und dann die gekochten Linsen mitsamt der Kochflüssigkeit zum Gemüse geben. Alles kurz verrühren und erhitzen, mit Salz und Pfeffer abschmecken. Das Linsengericht heiß servieren.

(auf dem Foto links)

ca. 20 Minuten
ca. 260 kcal

- **250 g rote Linsen**
- **Salz**
- **frisch gemahlener schwarzer Pfeffer**
- **1 Bund Frühlingszwiebeln**
- **3 Knoblauchzehen**
- **3 rote Chilischoten**
- **1 rote Paprikaschote**
- **2 EL Butterschmalz**
- **je 1 TL Garam Masala, gemahlene Kurkuma, Koriander und Kreuzkümmel**

schnell · frisch

Dip von weissen Bohnen

ca. 15 Minuten

ca. 140 kcal

- **250 g weiße Bohnen aus der Dose**
- **2 Knoblauchzehen**
- **1/2 Pfefferschote**
- **2 EL Zitronensaft**
- **3 EL Olivenöl**
- **1 TL Salz**
- **1/2 Bund Petersilie**
- **2 TL Sesamkörner**

1. Die Bohnen abtropfen lassen. Die Knoblauchzehen schälen und halbieren.

2. Die Bohnen, den Knoblauch und die Pfefferschote mit dem Zitronensaft, dem Olivenöl und dem Salz in einen Mixer geben und pürieren. Das Püree in eine Schüssel geben. Die Petersilie waschen, putzen und fein hacken. Das Püree mit der Petersilie und den Sesamkörnern bestreuen. Etwa 1 Stunde durchziehen lassen und bei Zimmertemperatur servieren.

(auf dem Foto oben)

Tipp

Dieser Dip ist sehr angenehm für heiße Sommertage, an denen man keine Lust verspürt, etwas Warmes zu kochen. Er eignet sich auch sehr gut für Partys, da er schnell und auch gut in größeren Mengen hergestellt werden kann, ohne dass der Aufwand sehr viel größer würde. Servieren Sie dazu Paprikastreifen, Gurkenscheiben, Tomaten oder Möhren, in Stifte geschnitten.

Party-Bohnen, süss-sauer

würzig · mal was anderes

1. Die Bohnen über Nacht in kaltem Wasser einweichen. Am nächsten Tag im Einweichwasser in etwa 50 bis 60 Minuten garen, in ein Sieb abgießen und dabei das Kochwasser auffangen.

2. Den Knoblauch schälen und in kleine Scheibchen schneiden. 1/4 l von dem Bohnen-Kochwasser zusammen mit dem Apfelsaft, dem Rote-Bete-Saft und dem Zucker sowie 3 Esslöffeln Essigessenz, Knoblauchscheibchen, sowie dem Salz, Chili- und Ingwerpulver etwa 15 Minuten einkochen lassen.

3. Die Lauchzwiebeln putzen, waschen und in Ringe schneiden, Sie 3 Minuten mitgaren. Die Bohnen zugeben und alles gut vermischen. Die Bohnen über Nacht ziehen lassen. Nach Belieben noch einmal mit Essigessenz abschmecken und in ein geeignetes Glas füllen.

(auf dem Foto Seite 7)

ca. 30 Minuten
Einweichzeit: über Nacht
Zeit zum Durchziehen: 12 Stunden
ca. 630 kcal

- 500 g weiße Bohnen
- 2 Knoblauchzehen
- 125 ml klarer Apfelsaft
- 300 ml Rote-Bete-Saft
- 200–250 g brauner Zucker
- 3–4 EL Essigessenz 25%
- 1 schwach geh. TL Salz
- je 1 TL Chili- und Ingwerpulver
- 1 Bund Lauchzwiebeln

Weisse-Bohnen-Salsa

feurig · frisch

1. Die Bohnen über Nacht in kaltem Wasser einweichen. Am nächsten Tag im Einweichwasser in etwa 50 bis 60 Minuten garen und in ein Sieb abgießen.

2. Die Paprikaschoten und die Pfefferschote fein würfeln. Die Tomaten entkernen, die Stielansätze entfernen, und das Fruchtfleisch fein würfeln. Die Petersilie waschen, putzen und fein hacken.

3. Bohnen, Paprika, Pfefferschote, Tomaten, und Petersilie in einer Schüssel vermengen, den Koriander und das Öl untermischen und nach Geschmack mit Salz und Pfeffer würzen. Etwa 1 Stunde durchziehen lassen und bei Zimmertemperatur servieren.

Tipp
Salsa bezeichnet im süd- und mittelamerikanischen Raum eine Sauce, die zu fast allen Gerichten gereicht werden kann. Ob zu Fleisch oder Fisch, zu Gemüse, ob als Dip oder zum Bestreichen von Tortillas, den mexikanischen Maisfladen,– eine Salsa ist ein fester Bestandteil fast jeder Mahlzeit .

ca. 30 Minuten
Einweichzeit: über Nacht
Zeit zum Durchziehen: ca. 1 Stunde

- 250 g weiße Bohnen
- 1/2 rote Zwiebel
- 2 Knoblauchzehen
- 1/2 kleine rote Paprika
- 1/2 kleine grüne Paprika
- 1 kleine Pfefferschote
- 2 Tomaten
- 1/2 Bund Petersilie
- frisch gehackter Koriander
- 3 EL Olivenöl
- Salz
- frisch gemahlener Pfeffer

würzig · passt zu Rindfleisch

Kichererbsen mit Chili und Knoblauch

ca. 1 1/2 Stunden
Einweichzeit: über Nacht
ca. 120 kcal

- 200 g Kichererbsen
- 3/4 l Gemüsebrühe (Instant)
- 1 Zwiebel
- 2 Knoblauchzehen
- 1 rote Chilischote
- 1 EL Öl
- Salz

1. Die Kichererbsen über Nacht einweichen. Am nächsten Tag abgießen und etwa 1 Stunde in der Brühe kochen lassen. Die Zwiebeln schälen und fein würfeln, die Knoblauchzehen schälen und durchpressen. Die Chilischote waschen, entkernen und in feine Ringe schneiden.

2. Das Öl in einer Pfanne erhitzen und die Zwiebelwürfel darin hellbraun braten, dann die Knoblauchzehen hinzufügen und kurz mitbraten. Die Chiliringe dazugeben und ebenfalls kurz mitbraten.

3. Die Kichererbsen in die Pfanne geben, untermischen und erhitzen. Zum Schluß alles nach Geschmack mit Salz abschmecken.

Tipp
Hülsenfrüchte und Chilis sind Grundnahrungsmittel in den lateinamerikanischen Ländern. Sie werden vor allem als Beilagen zu Fleisch und Fisch serviert.

Gewürzte Linsen

ausgefallen · fein-aromatisch

1. Chiles anchos 1/2 Stunde in warmem Wasser einweichen. Die Linsen mit Wasser bedecken und im geschlossenen Topf etwa 20 Minuten vorgaren.

2. Chiles anchos entkernen und klein schneiden. Die Zwiebel schälen und fein würfeln, Chiles serranos entkernen und in feine Ringe schneiden.

3. Die Tomaten über Kreuz einritzen, 15 Sekunden überbrühen, abschrecken, häuten und vierteln.

4. Die Linsen abtropfen lassen. Das Schmalz in einer Pfanne erhitzen und die Zwiebelwürfel darin goldgelb braten.

5. Den Knoblauch schälen, durchpressen und kurz mitbraten. Die Chilisorten, die Tomatenviertel und den Epazote-Zweig dazugeben. Die Linsen unterrühren.

6. Alles mit Salz und dem Zucker abschmecken und zugedeckt 30 bis 40 Minuten köcheln lassen. Eventuell noch etwas Wasser angießen.

ca. 1 1/2 Stunden

ca. 230 kcal

- **2 getrocknete Chiles anchos**
- **200 g Tellerlinsen**
- **1 Zwiebel**
- **2–4 Chiles serranos aus der Dose**
- **2 Tomaten**
- **1 EL Schweineschmalz**
- **3 Knoblauchzehen**
- **1 Epazote-Zweig**
- **Salz**
- **1/2 TL Zucker**

passt zu Lamm · schnell

INDISCHE ERBSEN

ca. 20 Minuten
ca. 270 kcal

- 2 EL Olivenöl
- 2 Lorbeerblätter
- 1 kleine Zimtstange
- 1 kleine Chilischote
- 4 Kardamomkapseln
- 1 Dose Erbsen (800 g)
- 2 TL Curry
- etwas Salz
- Cayennepfeffer
- 1 Prise Zucker
- etwas Garam Masala

1. Das Olivenöl in einer Pfanne erhitzen. Die Lorbeerblätter, die Zimtstange, die Chilischote und die Kardamomkapseln einige Sekunden darin andünsten.

2. Die Erbsen abtropfen lassen und ebenfalls in die Pfanne geben. Curry darüberstäuben und das Ganze 6 bis 8 Minuten dünsten. Mit Salz, Cayennepfeffer und Zucker abschmecken. Nach Belieben mit etwas Garam Masala (indische Gewürzmischung aus dem Asienladen oder dem Reformhaus) bestreuen.

Tipp
Es gibt unzählige Versionen von Garam Masala. Geben Sie diese Gewürzmischung immer erst kurz vor dem Servieren zu dem Gericht.
Sie können Garam Masala in einem luftdicht verschlossenen Glas etwa ein halbes Jahr aufheben, ohne dass es sein Aroma verliert.
Wenn Sie einmal ein typisch indisches Gericht zusammenstellen möchten, bereiten Sie zu dieser Beilage gebratenes Lammfleisch. In Indien zählen Hülsenfrüchte zu den Grundnahrungsmitteln und dürfen bei keiner Mahlzeit fehlen.

indisch · feurig

ROTE BOHNEN MIT INGWER

ca. 1 Stunde
Einweichzeit: über Nacht
ca. 390 kcal

- 250 g Red Kidney Bohnen
- 3 frische grüne Chilischoten
- 1–2 EL Butterschmalz oder Öl
- 30 g fein gehackter frischer Ingwer
- 3 Knoblauchzehen
- 150 ml Sahne
- 50 ml Tomatenpüree (Fertigprodukt)
- Salz
- 1 TL frisch gem. schwarzer Pfeffer
- etwas Koriandergrün

1. Die Bohnen waschen, mit Wasser bedecken und über Nacht einweichen lassen. Das Wasser abgießen, die Bohnen in einen Topf geben, mit reichlich frischem Wasser bedecken und etwa 10 Minuten sprudelnd kochen lassen. Dann den Topf verschließen und die Bohnen in etwa 40 Minuten weich kochen.

2. In der Zwischenzeit die Chilischoten entkernen und in feine Ringe schneiden.

3. Das Fett in einer Pfanne erhitzen und den Ingwer bei mittlerer Hitze etwa 2 Minuten unter Rühren anbraten. Den Knoblauch schälen, durchpressen, hinzufügen und kurz mitbraten. Dann die Chilischoten in die Pfanne geben, Sahne und Tomatenpüree zufügen und das Ganze umrühren.

4. Die Bohnen abgießen, abtropfen lassen und ebenfalls in die Pfanne geben. Alles umrühren, salzen und pfeffern, dann etwa 5 Minuten leicht köcheln lassen. Das Koriandergrün fein hacken und über das Gericht streuen.

Linsen mit Orangen

passt zu Entenbrust · schnell

1. Die Zwiebel schälen und fein würfeln. Das Öl in einem Topf erhitzen und die Zwiebel darin andünsten.

2. Die Linsen abtropfen lassen und dazugeben. Die Frühlingszwiebeln putzen, waschen und in feine Ringe schneiden. Die Zwiebelringe unter die Linsen rühren und das Ganze weitere 5 Minuten köcheln lassen.

3. Die Orangen großzügig schälen, so dass die weiße Haut mit entfernt wird. Die Filets zwischen den Trennhäuten herauslösen und zu den Linsen geben. Das Ganze mit Salz, Pfeffer, Zucker und Essig abschmecken.

Tipp

Dies ist eine Beilage für ein typisches Herbst- und Wintergericht, wie z. B. Entenbrust.
In dieser Kombination eignet es sich auch sehr gut für ein stimmungsvolles Abendessen bei Kaminfeuer und Kerzenschein mit lieben Gästen oder auch zu zweit.
Reichen Sie als Getränk einen schönen, vollmundigen Bordeaux dazu.

ca. 15 Minuten

ca. 460 kcal

- 1 Zwiebel
- 1 EL Öl
- 1 Dose Tellerlinsen (800 g)
- 1 Bund Frühlingszwiebeln
- 2 Orangen
- etwas Salz
- Pfeffer
- 1 Prise Zucker
- etwas Essig

ca. 1 3/4 Stunden
ca. 590 kcal

- **100 g rote Linsen**
- **1 Zwiebel**
- **80 ml Erdnussöl**
- **150 g Tellerlinsen**
- **etwas Salz**
- **200 g Möhren**
- **1 Bund Radieschen**
- **200 g mittelalter Gouda**
- **1 kleiner Kopf Lollo Bianco**
- **1/2 Bund krause Petersilie**
- **3 Knoblauchzehen**
- **2 EL Rotweinessig**
- **1 TL Dijon-Senf**
- **etwas frisch gem. schwarzer Pfeffer**
- **1 Prise Zucker**

1. Die roten Linsen unter kaltem Wasser abspülen und abtropfen lassen. Die Zwiebel schälen und fein hacken.
1 Esslöffel Öl in einem Topf erhitzen und die Hälfte der Zwiebelwürfel darin etwa 2 Minuten hell anschwitzen.

2. Die Tellerlinsen und etwa 1/2 Teelöffel Salz ebenfalls in den Topf geben, alles mit reichlich Wasser auffüllen und in etwa 45 Minuten gar kochen.

3. Die restlichen Zwiebelwürfel in einem zweiten Topf in 1 Esslöffel Öl hell anschwitzen, die roten Linsen und etwas Salz hinzugeben, alles mit reichlich Wasser auffüllen und das Ganze etwa 10 Minuten kochen lassen. Beide Linsensorten im Kochwasser abkühlen lassen und dann durch ein Sieb abgießen.

4. Währenddessen die Möhren schälen, in kleine Würfel schneiden und in Salzwasser etwa 10 Minuten bissfest kochen. Abtropfen lassen und beiseite stellen.

5. Die Radieschen putzen, waschen und in kleine Würfel schneiden. Den Gouda ebenfalls fein würfeln. Den Lollo Bianco waschen und in mundgerechte Stücke zerpflücken. Die harten Blattrippen herausschneiden. Eine große Salatschüssel mit den Salatblättern auslegen.

6. Die Petersilie waschen, trockenschütteln und fein hacken. Den Knoblauch schälen und ebenfalls fein hacken. Die Petersilie mit dem Knoblauch vermischen.

7. Linsen, Möhren, Radieschen und Käse miteinander vermischen. Alles in die Salatschüssel geben.

8. Aus dem Rotweinessig, dem Senf, etwas Salz und Pfeffer, dem Zucker sowie dem restlichen Öl eine Marinade rühren. Die Marinade über den Salat gießen und zuletzt alles mit der Petersilien-Knoblauch-Mischung bestreuen.

herzhaft · kalorienarm

LINSEN-GEMÜSE-SALAT

ca. 55 Minuten
ca. 480 kcal

- 1/2 l Gemüsebrühe (Instant)
- 150 g Tellerlinsen
- 1 Bund Radieschen
- 2 kleine Zucchini
- 3 Möhren
- 2 kleine feste Birnen
- 2 EL Zitronensaft
- 1/2 Bund frisches Basilikum
- 1/2 Bund Schnittlauch
- 4 EL Weißweinessig
- Salz
- frisch gemahlener schwarzer Pfeffer
- 1 TL Senf
- 4 EL Olivenöl

1. Die Brühe in einem Topf aufkochen lassen. Die Linsen hineingeben und zugedeckt bei sehr schwacher Hitze in etwa 30 Minuten bissfest garen.

2. Inzwischen die Radieschen, die Zucchini und die Möhren waschen, putzen und in dünne Scheiben schneiden. Die Birnen waschen, schälen, vierteln, entkernen und in Scheiben schneiden. Diese sofort im Zitronensaft wenden.

3. Vom Basilikum die Blätter abzupfen und fein hacken. Den Schnittlauch waschen und in kleine Röllchen schneiden. Beides mit dem Essig, Salz und Pfeffer und etwas Senf in einer Schüssel verrühren. Danach das Olivenöl darunter schlagen. Die Sauce würzig abschmecken.

4. Die Linsen nach dem Ende der Garzeit abgießen und abtropfen lassen. Die Linsen in eine Schüssel geben und mit der Marinade übergießen. Das Gemüse und die Birnen dazugeben. Alles vermengen, abschmecken und zugedeckt ziehen lassen.

LINSEN-CURRY-SALAT

würzig · einfach

1. Die Linsen in einen Topf mit 1/2 l kalten Wasser geben und zum Kochen bringen. Die Fleischbrühe dazugeben und alles etwa 30 Minuten kochen lassen. Die noch bissfesten Linsen abgießen und abtropfen lassen.

2. Den Staudensellerie waschen, putzen und in Streifen schneiden. Die Kürbisstücke abtropfen lassen.

3. Für die Marinade den Zitronensaft, das Keimöl, den Curry, das Salz und den Pfeffer gut miteinander verrühren und herzhaft abschmecken. Die Linsen und die Kürbisstücke mit der Marinade vermischen und das Ganze zugedeckt im Kühlschrank mindestens 1 Stunde ziehen lassen.

4. Inzwischen die Petersilie waschen, trockenschütteln und fein hacken. Vor dem Servieren den Staudensellerie und die Petersilie unter den Salat mischen.

ca. 40 Minuten

ca. 260 kcal

Für den Salat:

- **150 g Linsen**
- **1 geh. TL klare Fleischbrühe (Instant)**
- **175 g Staudensellerie**
- **200 g süß-sauer eingelegter Kürbis**
- **1/2 Bund Petersilie**

Für die Marinade:

- **2–3 EL Zitronensaft**
- **3–4 EL Keimöl**
- **1–2 TL Curry**
- **Salz**
- **frisch gemahlener Pfeffer**

sättigend · traditionell

Bohnen-Linsen-Salat mit Speck

ca. 1 1/4 Stunden
Einweichzeit: über Nacht
Marinierzeit: ca. 2 Std.
ca. 500 kcal

- 100 g Red Kidney Bohnen
- 100 g Linsen
- etwas Salz
- 300 g vorwiegend festkochende Kartoffeln
- 125 g durchwachsener Speck
- 1 Bund Lauchzwiebeln
- 3 EL Rotweinessig
- frisch gemahlener Pfeffer
- 3 EL Olivenöl

1. Die Bohnen über Nacht in reichlich kaltem Wasser einweichen. Die Linsen und die Bohnen am nächsten Tag etwa 1 Stunde im Einweichwasser kochen, abgießen und salzen.

2. Die Kartoffeln in Salzwasser garen und in Scheiben schneiden. Den Speck würfeln und in einer Pfanne auslassen.

3. Die Lauchzwiebeln waschen und in feine Ringe schneiden, zum Speck geben und kurz mitbraten. Dann die Zwiebel-Speck-Mischung zusammen mit den Hülsenfrüchten unter die Kartoffeln mischen.

4. Aus Essig, Salz und Pfeffer eine Marinade rühren, das Öl darunterschlagen und die Sauce mit den warmen Salatzutaten mischen. Den Salat etwa 2 Stunden durchziehen lassen.

Tipp
Dieser Salat ist eine Mahlzeit für sich. Servieren Sie ihn mit frischem, im Ofen gerösteten Knoblauchbrot.

außergewöhnlich · fruchtig

Rote Bohnen mit Orangenfilets

ca. 1 1/2 Stunden
Einweichzeit: über Nacht
ca. 420 kcal

- 400 g Red Kidney Bohnen
- 2 EL Tomatenketchup
- Saft von 2 Limonen
- etwas Salz • Zucker
- schwarzer Pfeffer
- 1 Spritzer Tabasco
- 1 Spritzer Worcestershiresauce
- 3 EL Traubenkernöl
- 2 EL Orangensaft
- 2 Orangen
- 1 große Mango (ca. 400 g)
- einige Pfefferminzblätter

1. Die Bohnen über Nacht in reichlich kaltem Wasser einweichen. Am nächsten Tag abgießen und abspülen. Die Bohnen in 1 1/2 l Salzwasser etwa 1 Stunde kochen und abgießen.

2. Aus Tomatenketchup, Limonensaft, Salz, Zucker, Pfeffer, Tabasco, Worcestershiresauce, Öl und Orangensaft eine Marinade rühren. Die Bohnen in die Marinade geben und alles gut mischen.

3. Die Orangen so schälen, dass die weiße Haut mit abgeschnitten wird. Die einzelnen Filets herausschneiden und zu den Bohnen geben.

4. Die Mango schälen, das Fleisch vom Kern schneiden und mittelfein würfeln. Die Mangowürfel in die Marinade geben und vorsichtig unterheben. Die Minzblättchen waschen und den Salat damit garnieren.

Kichererbsen-Paprika-Salat

aromatisch · frisch

1. Die Kichererbsen über Nacht einweichen und in etwa 90 Minuten weich kochen. Die Zwiebel und den Knoblauch schälen und fein hacken. Die Paprikaschoten würfeln.

2. Von der Petersilie die Blätter abzupfen. Etwas davon für die Garnitur beiseite legen und den Rest grob hacken.

3. Die ausgekühlten Kichererbsen abgießen, dabei etwas Kochwasser auffangen, und sie mit dem zerkleinerten Gemüse mischen.

4. Essig und Öl zur Erbsen-Paprika-Mischung geben, mit Salz, Pfeffer und Kreuzkümmel würzen. Bei Bedarf etwas Kochwasser dazugeben.

5. Die Salami in schmale Streifen schneiden und unter den Salat mischen. Die Blattsalate klein zupfen, die Tomaten in Spalten schneiden.

6. Den Erbsensalat auf dem Blattsalat anrichten, mit den Tomaten und der restlichen Petersilie garnieren.

(auf dem Foto oben)

ca. 1 1/2 Stunden
Einweichzeit: über Nacht
ca. 790 kcal

- 300 g Kichererbsen
- 1 Zwiebel
- 2 Knoblauchzehen
- je 1 rote, grüne und gelbe Paprikaschote
- 1 Bund Blattpetersilie
- 100 ml Weißweinessig
- 100 ml Erdnussöl
- etwas Salz
- frisch gemahlener Pfeffer
- 1 Msp. Kreuzkümmel
- 200 g Salami
- 1 Kopfsalat
- 1 Kopf Radicchio
- 2 Tomaten

sättigend · mal was anderes

Bohnensalat mit Birne

ca. 25 Minuten
Zeit zum Durchziehen:
ca. 20 Minuten
ca. 690 kcal

- 250 g Brechbohnen
- Salz
- 1 Dose weiße Bohnen (400 g)
- 4 Tomaten
- 2 Birnen
- 125 g magerer durchwachsener Speck
- 6 EL Pflanzenöl
- 3 EL Weißweinessig
- frisch gemahlener schwarzer Pfeffer
- 1/2 Bund Majoran

1. Die Brechbohnen putzen, waschen, halbieren und in kochendem Salzwasser etwa 10 Minuten garen. Die Bohnen abgießen und sofort kalt abschrecken, damit sie schön grün bleiben.

2. Die weißen Bohnen in ein Sieb abgießen, kurz abspülen und gut abtropfen lassen. Die Tomaten waschen, halbieren, entkernen und in Stücke schneiden. Die Birnen waschen, vierteln, das Kerngehäuse entfernen und das Fruchtfleisch in Spalten schneiden.

3. Für die Sauce den Speck fein würfeln und in einer Pfanne knusprig braun auslassen. Speckwürfel und -fett mit dem Öl und dem Essig verrühren. Die Sauce mit Salz und Pfeffer kräftig abschmecken. Den Majoran waschen, putzen, fein hacken und unter die Sauce mischen.

4. Alle Zutaten mit dem Speckdressing mischen und den Salat im Kühlschrank zugedeckt etwa 20 Minuten ziehen lassen.

(auf dem Foto oben)

Italienischer Bohnensalat

sommerlich · gelingt leicht

1. Die Bohnen und den Thunfisch abtropfen lassen. Den Thunfisch mit einer Gabel zerpflücken. Die Zwiebel schälen und fein würfeln. Die Zwiebelwürfel mit dem Salz bestreuen und etwa 10 Minuten durchziehen lassen.

2. Das Öl, den Pfeffer, den Zitronensaft, den Essig und die Zwiebelwürfel verrühren. Die Petersilie waschen, trockentupfen und klein hacken.

3. Die Bohnen, den Thunfisch und die Petersilie mit der Zwiebelsauce vermischen und den Salat etwa 2 Stunden durchziehen lassen.

Tipp
Reichen Sie dazu ein warmes Pasta-Gericht, z. B. Spaghetti mit Pesto, frischem Parmesan und in der Pfanne gerösteten Pinienkernen.

ca. 30 Minuten
Zeit zum Durchziehen:
ca. 2 Stunden
ca. 360 kcal

- 1 Dose weiße Bohnen (800 g)
- 1 Dose Thunfisch in Öl
- 1 Zwiebel
- 1 TL Salz
- 6 EL Olivenöl
- frisch gem. Pfeffer
- 2 EL Zitronensaft
- 2 EL Weißweinessig
- 2 EL geh. Petersilie

Salat von weissen Bohnen

frisch · knackig

1. Die Bohnen abtropfen lassen. Den Sellerie in Scheiben schneiden. Die Zwiebel schälen und in dünne Scheiben schneiden. Die Paprika waschen, entkernen und in feine Streifen schneiden. Die Tomaten waschen, halbieren und den Stielansatz entfernen.

2. In einer Schüssel die Bohnen, den Sellerie, die Zwiebeln, die Paprikaschoten und die Tomaten mischen.

3. Für die Salatsauce den Knoblauch schälen und durchpressen. In einer kleinen Schüssel Knoblauch, Senf und Essig verrühren. Langsam das Öl unterrühren und die Sauce mit Salz und Pfeffer abschmecken. Die Sauce über den Salat geben und gut durchmischen. Mindestens 4 Stunden, am besten über Nacht, durchziehen lassen.

4. Den Schnittlauch waschen, trockentupfen und in kleine Röllchen schneiden. Vor dem Servieren den Salat mit Brunnenkresse und den Schnittlauchröllchen bestreuen.

ca. 30 Minuten
Zeit zum Durchziehen:
ca. 4 Stunden
ca. 280 kcal

- 1 Dose weiße Bohnen (800 g)
- 2 Stangen Sellerie
- 1 kleine rote Zwiebel
- je 1/2 rote und grüne, kleine Paprikaschote
- 250 g Kirschtomaten
- 1 Knoblauchzehe
- 1 TL Dijon-Senf
- 1 EL Balsamico-Essig
- 4 EL Olivenöl
- Salz
- frisch gemahlener Pfeffer
- 1/2 Bund Schnittlauch
- 3 EL Brunnenkresse

fein-säuerlich · zum Verwöhnen

Mexikanischer Bohnen-Reis-Salat

ca. 1 1/4 Stunde

ca. 710 kcal

- 250 g Bohnenmix
- 4 Frühlingszwiebeln
- 3 EL Öl
- 1 Ei
- 300 ml Gemüsebrühe
- 150 g Langkornreis
- 1 rote Chilischote
- 200 g gem. Hackfleisch
- Salz
- frisch gemahlener Pfeffer
- 1 Prise Salz
- 1 Avocado
- 200 g Magermilch-Jogurt
- 1 EL Zitronensaft

1. Die Bohnen über Nacht einweichen lassen und in etwa 45 Minuten gar kochen.

2. Die Frühlingszwiebeln in feine Ringe schneiden. Das Grüne beiseite legen, das Weiße in 1 Esslöffel Öl in einem Topf anschwitzen. Mit der Brühe ablöschen, den Reis zugeben und alles zugedeckt etwa 20 Minuten bei schwacher Hitze garen. Eventuell etwas Brühe nachgießen.

3. Die Chilischote waschen, aufschlitzen, entkernen und in feine Ringe schneiden.

4. Das Hackfleisch im restlichen Öl anbraten. Die Chiliringe noch etwa 2 Minuten mitbraten und alles mit Salz und Pfeffer würzen.

5. Die Avocado halbieren, den Stein entfernen, das Fruchtfleisch mit dem Jogurt und dem Zitronensaft mit dem Mixer pürieren. Die Sauce mit Salz und Pfeffer mild abschmecken.

6. Die Bohnen abtropfen lassen. Mit dem Reis, den grünen Zwiebelringen dem Hackfleisch und der Sauce mischen.

italienisch · sättigend

Italienischer Nudelsalat mit Bohnen

ca. 40 Minuten

ca. 450 kcal

- 200 g Spiralnudeln
- 1 kleine Dose weiße Bohnen (400 g)
- 1/2 rote Paprikaschote
- 1/2 grüne Paprikaschote
- 75 g scharfe italienische Salami
- 2 Tomaten
- 10 schwarze Oliven
- 1/2 Bund Petersilie
- 1 TL Dijon-Senf
- 2 EL Balsamico Essig
- 1 Knoblauchzehe
- Olivenöl
- Salz
- frisch gem. Pfeffer

1. Die Nudeln nach Vorschrift in ausreichend Salzwasser bissfest garen, abgießen und mit kaltem Wasser abschrecken.

2. Die Bohnen abtropfen. Die Paprikaschoten waschen und in Streifen schneiden. Die Salami ebenfalls in Streifen schneiden. Die Tomaten waschen und in Achtel schneiden. Die Oliven entkernen und halbieren. Die Petersilie waschen, trockenschütteln und fein hacken. In einer großen Schüssel alle Zutaten vermengen.

3. Für die Salatsauce den Senf und den Essig verrühren. Den Knoblauch schälen, durchpressen und dazugeben. Zum Schluss das Olivenöl ganz langsam unterschlagen bis die Salatsauce sämig wird. Mit Salz und Pfeffer abschmecken.

4. Den Salat mit der Sauce übergießen und kurz ziehen lassen.

(auf dem Foto rechts)

Ungarische Linsensuppe

würzig · sättigend

1. Das Schweinefleisch in Würfel schneiden. Zwiebeln und Knoblauch schälen und fein würfeln. Die Tomaten enthäuten, vierteln und grob hacken.

2. Das Schweinefleisch in 3 Esslöffeln Schmalz goldbraun anbraten. Zwiebeln und Knoblauch dazugeben und alles etwa 5 Minuten dünsten. Die Tomatenstücke dazu geben und etwa 3 Minuten mitschmoren lassen.

3. Das Paprikapulver unter das Fleisch und das Gemüse rühren. Alles mit dem Fond ablöschen. Das Salz und die Lorbeerblätter dazugeben und alles aufkochen lassen.

4. Die Kartoffeln waschen, schälen, in Würfel schneiden und in die Suppe geben. Die Linsen gut waschen und ebenfalls dazugeben. Alles etwa 30 Minuten zugedeckt köcheln lassen.

5. Den Speck fein würfeln. Den Lauch waschen, halbieren und in Streifen schneiden. 1 Esslöffel Schmalz in einer Pfanne erhitzen und die Speckwürfel darin goldbraun braten. Den Lauch dazugeben und weich dünsten. Alles in die Suppe geben und diese mit Salz abschmecken.

(auf dem Foto links)

ca. 1 1/2 Stunden

ca. 740 kcal

- 500 g Schweineschulter ohne Knochen
- 250 g Zwiebeln
- 2 Knoblauchzehen
- 400 g Fleischtomaten
- 4 EL Schweineschmalz
- 1 EL mildes Rosenpaprikapulver
- 1/2 TL scharfes Paprikapulver
- 1 1/2 l Kalbs- und Rinderfond
- 1 TL Salz
- 2 Lorbeerblätter
- 4 große Kartoffeln
- 150 g rote Linsen
- 80 g magerer Speck
- 1 Stange Lauch

Linseneintopf mit Fleischklösschen

traditionell · einfach

1. Die Linsen in reichlich Wasser 45 Minuten kochen.

2. Inzwischen die Zwiebeln schälen und fein hacken, die Petersilienwurzel und die Möhren putzen, waschen und in grobe Würfel schneiden.

3. Die Butter erhitzen, das Gemüse darin andünsten und mit dem Mehl bestäuben. Die Linsen mit dem Einweichwasser hinzugeben, salzen und alles weich kochen. Den Eintopf mit Pfeffer, Essig und Zucker abschmecken.

4. Das Hackfleisch mit dem Ei, dem Semmelmehl, dem Salz und den Gewürzen verkneten.

5. Die Fleischbrühe zum Kochen bringen. Aus dem Hackfleischteig Klößchen formen und diese in der Brühe 10 Minuten ziehen lassen. Die Klößchen mit der Brühe zum Linsentopf geben.

ca. 1 1/2 Stunden

ca. 650 kcal

- 500 g Tellerlinsen
- 2 Zwiebeln
- 1 Petersilienwurzel
- 3 Möhren • 2 EL Butter
- 1 EL Mehl • Salz
- gem. schwarzer Pfeffer
- 1 EL Essig • 1 TL Zucker
- 250 g Schweinehack
- 1 Ei
- 2 EL Semmelmehl
- 1/2 TL getrockneter Majoran
- Muskatnuss
- 1/4 l Fleischbrühe

traditionell · gelingt leicht

Linseneintopf mit Kasseler

ca. 1 Stunde

ca. 710 kcal

- 1 große Zwiebel
- 100 g magerer durchwachsener Speck
- 200 g Kasseler Kotelettstück
- 1 Bund Suppengrün
- 2 EL Butter
- 1 Lorbeerblatt
- 3 Stiele Thymian
- 1 l Fleischbrühe
- 100 ml Rotwein
- 200 g Tellerlinsen
- etwas Salz
- frisch gem. Pfeffer
- etwas Zucker
- etwas Essig

1. Die Zwiebel schälen und fein hacken. Den Speck in kleine Würfel schneiden. Das Kasseler Kotelettstück vom Knochen lösen und ebenfalls würfeln. Das Suppengrün putzen, waschen und klein schneiden.

2. Die Butter in einem großen Topf erhitzen und die Zwiebel- und Speckwürfel darin anbraten. Das Kasseler mit dem Knochen und dem Suppengrün hinzufügen und ebenfalls leicht anbraten.

3. Das Lorbeerblatt und den Thymian in den Topf geben, die Brühe und den Wein angießen. Die Linsen waschen, zum Fleisch in die Brühe geben und alles zum Kochen bringen.

4. Den Linseneintopf anschließend etwa 45 Minuten bei mittlerer Hitze köcheln lassen. Den Kasselerknochen herausnehmen und den Linseneintopf mit Salz, Pfeffer, Zucker und eventuell etwas Essig abschmecken.

Linseneintopf mit Aprikosen

außergewöhnlich · herzhaft

ca. 45 Minuten
Einweichzeit: über Nacht
ca. 878 kcal

- **200 g getrocknete Aprikosen**
- **1 Zwiebel**
- **100 g durchwachsenen Speck**
- **500 g Tellerlinsen**
- **2 Fleischbrühwürfel für 1 l Flüssigkeit**
- **$^{1}/_{8}$ l Rotwein**
- **125 g Lauch**
- **300 g geräucherte Putenbrust**
- **1–2 EL Essigessenz 25%**
- **Zucker**

1. Die getrockneten Aprikosen über Nacht in kaltem Wasser einweichen.

2. Die Zwiebel schälen und würfeln. Den Speck ebenfalls würfeln. Die Speckwürfel in einem Topf ausbraten, dann die Zwiebelwürfel dazugeben und glasig dünsten. Die Linsen, 1 l Wasser, die Fleischbrühwürfel und den Rotwein zugeben und alles etwa 45 Minuten garen.

3. Nach 15 Minuten Garzeit die eingeweichten Aprikosen abgießen und zum Eintopf geben. Den Lauch waschen, in etwa 2 cm lange Stücke schneiden und ebenfalls dazugeben.

4. Die Putenbrust in Würfel schneiden und kurz mit erhitzen. Den Linseneintopf mit Essigessenz und Zucker süß-sauer abschmecken.

Variation

Sehr gut schmeckt dieses Gericht auch, wenn Sie statt der Aprikosen getrocknete Pflaumen verwenden.

deftig · einfach

Pfälzer Linsensuppe

ca. 2 Stunden

ca. 910 kcal

- 1 Bund Suppengrün
- 1 Zwiebel
- 100 g Speck
- 2 EL Butter
- 500 g Rindfleisch (Querrippe)
- 250 g Tellerlinsen
- 3/4 l Rotwein
- 1/2 l Fleischbrühe (Instant)
- Salz
- frisch gemahlener Pfeffer
- 1 Lorbeerblatt
- 3 Pimentkörner
- 3 Gewürznelken
- 5 Pfefferkörner

1. Das Suppengrün putzen, waschen, trockentupfen und klein schneiden. Die Zwiebel schälen. Die Zwiebel und den Speck in Würfel schneiden.

2. Die Butter in einem großen Topf zerlassen. Den Speck und die Zwiebelwürfel darin anbraten. Das Suppengrün und das Fleisch dazugeben und alles kräftig anbraten.

3. Die Linsen mit dem Rotwein sowie die Brühe und die Gewürze zum Fleisch geben. Alles im geschlossenen Topf bei mittlerer Hitze etwa 1 1/2 Stunden garen.

4. Nach Ablauf der Garzeit das Lorbeerblatt aus der Suppe entfernen. Das Fleisch ebenfalls herausnehmen und in Würfel schneiden. Die Fleischstücke zu den Linsen geben und alles nochmals mit Salz und Pfeffer herzhaft abschmecken.

Tipp

Mit einem Glas Rotwein serviert ist dies ein schmackhaftes Gericht für einen kalten Wintertag.

Chili con Carne

herzhaft · scharf

ca. 1 1/2 Stunden
Einweichzeit: über Nacht
ca. 650 kcal

- 500 g Red Kidney Bohnen
- 2 TL Salz
- 750 g mageres Rindfleisch
- 2 Zwiebeln • 2 EL Öl
- frisch gem. Pfeffer
- 1 TL Chilipulver
- 1 EL Paprika edelsüß
- 1 TL Kreuzkümmel
- 500 g Tomaten aus der Dose
- 1 TL Speisestärke
- 2 EL Rotweinessig
- 1 Prise Zucker
- einige Tropfen Tabasco

1. Die Bohnen am Vorabend in 1 l Wasser einweichen. Am nächsten Tag mit 1 Teelöffel Salz im Einweichwasser etwa 30 Minuten garen.

2. Das Fleisch in sehr feine Würfel schneiden. Die Zwiebeln schälen und fein würfeln. Das Öl in einer Pfanne erhitzen und das Fleisch darin kräftig anbraten. Die Zwiebelwürfel dazugeben und kurz mitschwitzen.

3. Fleisch- und Zwiebelwürfel zu den Bohnen geben, mit Pfeffer, Chilipulver, Paprika und Kreuzkümmel würzen und etwa 1 Stunde garen.

4. Die Tomaten mit dem Saft zum Bohnentopf geben und 5 Minuten mitkochen. Die mit etwas Wasser angerührte Speisestärke unterziehen und kurz aufkochen lassen. Das Chili mit Essig, Zucker und Tabasco scharf und würzig abschmecken.

Tipp
Servieren Sie zu diesem Traditionsgericht aus Texas frisches Stangenweißbrot oder Fladenbrot und Rotwein.

Kichererbsen-Gemüse-Topf

mediteran · vegetarisch

ca. 2 1/2 Stunden
Einweichzeit: über Nacht
ca. 450 kcal

- 200 g Kichererbsen
- 750 g Tomaten
- 1 Aubergine
- 2 Zucchini
- 2 grüne Paprikaschoten
- 2 Zwiebeln
- 3 Knoblauchzehen
- 2 Zweige Thymian
- 1 TL Salz
- 6 EL Öl

1. Die Kichererbsen über Nacht in 1 l kaltem Wasser einweichen. Danach eventuell noch etwas Wasser hinzufügen, das Ganze zum Kochen bringen und die Kichererbsen etwa 1 1/2 Stunden garen. Dann die Erbsen in ein Sieb abgießen.

2. Die Tomaten über Kreuz einritzen, mit kochendem Wasser überbrühen, enthäuten und grob hacken. Das übrige Gemüse waschen und in Würfel schneiden. Die Zwiebeln schälen und fein würfeln. Den Knoblauch schälen und durchpressen. Die Thymianblättchen abzupfen.

3. Das Gemüse und die Kichererbsen lagenweise in einen großen Topf schichten. Jede Lage mit Knoblauch, Thymianblättern und Salz würzen.

4. Das Öl darüberträufeln und alles im geschlossenen Topf 45 Minuten garen.

(auf dem Foto links oben)

traditionell · einfach

Erbseneintopf mit Zwiebeln und Speck

ca. 2 Stunden
Einweichzeit: über Nacht
ca. 340 kcal

- 250 g grüne oder gelbe Erbsen
- 60 g Frühstücksspeck
- 1 mittelgroße Zwiebel
- je 100 g Möhren und Knollensellerie
- 300 g Kartoffeln
- 1 TL Majoran
- Salz
- frisch gem. weißer Pfeffer
- 1 Bund Petersilie

1. Die Erbsen waschen und etwa 12 Stunden in 1 1/2 l kaltem Wasser einweichen lassen.

2. Den Speck würfeln und in einem großen Topf ausbraten. Die Zwiebel, die Möhre und den Knollensellerie schälen und fein würfeln. Das Gemüse zum Speck geben und im Speckfett andünsten, jedoch keine Farbe nehmen lassen.

3. Die Erbsen mit dem Einweichwasser zum Gemüse geben und alles etwa 1 Stunde köcheln lassen.

4. Inzwischen die Kartoffeln schälen, würfeln und zusammen mit dem Majoran zum Eintopf geben. Diesen weiter kochen lassen, bis die Kartoffeln gar sind.

5. Die Petersilie waschen, trockentupfen und fein hacken. Den Erbseneintopf mit Salz und Pfeffer abschmecken. Vor dem Servieren mit der Petersilie bestreuen.

sättigend · fruchtig

Westfälisches Buntes Huhn

ca. 1 1/2 Stunden
Einweichzeit: über Nacht
ca. 390 kcal

- 250 g weiße Bohnen
- 300 g durchwachsener Speck
- 250 g Brechbohnen
- 250 g Möhren
- 250 g Birnen
- 250 g Äpfel
- 500 g Kartoffeln
- Salz
- frisch gem. schwarzer Pfeffer
- Zucker
- 1 Bund Petersilie

1. Die weißen Bohnen über Nacht in 2 l kaltem Wasser einweichen.

2. Die Bohnen mit dem Einweichwasser und dem Speck in einen Topf geben und mit weiteren 1/2 l Wasser auffüllen. Alles im geschlossenen Topf 1 1/2 bis 2 Stunden garen.

3. Inzwischen die Brechbohnen und die Möhren putzen, waschen, in Stücke und in Scheiben schneiden. Die Birnen, die Äpfel und die Kartoffeln schälen, waschen und würfeln. Alles zu den Bohnen geben und mitgaren.

4. Das Ganze mit Salz, je einer Prise Pfeffer und Zucker abschmecken. Noch einmal 25 Minuten garen, dann gut umrühren.

5. Den Speck aus dem Eintopf nehmen und in Scheiben schneiden. Die Petersilie waschen, trockentupfen und fein hacken. Das Gericht mit den Speckscheiben anrichten und mit der Petersilie bestreuen.

Westfälischer Bohnentopf

würzig · schnell

ca. 30 Minuten

ca. 310 kcal

- 1 Zwiebel
- je 100 g Möhren, Sellerie und Lauch
- 2 EL Butter
- 1 Schuß dunkles Bier
- 1 Msp. Kümmelpulver
- 1/2 TL Majoran
- 1/2 TL Thymian
- 2 EL Tomatenmark
- 150 ml Gemüsebrühe
- 250 g weiße Bohnen aus der Dose
- 2 EL Obstessig
- 1 EL Zuckerrübensirup
- Salz
- weißer Pfeffer
- 1 Prise Cayennepfeffer

1. Die Zwiebel, die Möhre und den Sellerie schälen und in kleine Würfel schneiden. Den Lauch putzen, waschen und in schmale Ringe schneiden. Die Butter in einer großen Pfanne zergehen lassen. Das Gemüse darin etwa 8 Minuten andünsten, dann mit dem Bier ablöschen. Mit Kümmel, Majoran und Thymian kräftig würzen.

2. Das Gemüse noch etwa 10 bis 12 Minuten köcheln lassen. Dann das Tomatenmark dazugeben, alles mit der Gemüsebrühe aufgießen. Die Bohnen abtropfen lassen und in den Eintopf geben. Das Ganze gleichmäßig verrühren und wenige Minuten weitergaren.

3. Den Bohneneintopf mit Essig, Rübensirup, Salz, Pfeffer und Cayennepfeffer abschmecken.

Tipp

Wenn Sie statt getrockneter Kräuter frische verwenden, sollten Sie die Kräutermenge mindestens verdoppeln.

(auf dem Foto oben)

würzig · gelingt leicht

Kichererbsen-Eintopf mit Cabanossi

ca. 2 Stunden
Einweichzeit: über Nacht
ca. 540 kcal

- 350 g Kichererbsen
- 3 EL klare Brühe (Instant)
- 2 Zwiebeln
- 2–3 Knoblauchzehen
- 1 EL Pflanzenöl
- 2 rote Parikaschoten
- 1 Stange Lauch (250 g)
- 150 g Cabanossi
- 2 TL Paprikapulver edelsüß
- frisch gem. Pfeffer
- Cayennepfeffer oder Tabasco
- 1 Bund glatte Petersilie

1. Die Kichererbsen über Nacht in reichlich Wasser einweichen. Am nächsten Tag das Einweichwasser abgießen und die Erbsen abspülen.

2. 1 1/2 l Wasser aufkochen, die Kichererbsen und die klare Brühe dazugeben und alles im geschlossenen Topf bei schwacher Hitze etwa 1 1/4 Stunden garen.

3. Die Zwiebeln und die Knoblauchzehen schälen und fein hacken. Das Öl in einer Pfanne erhitzen und Zwiebeln und Knoblauch darin dünsten. Paprikaschoten und Lauch putzen, waschen. Die Paprika in Streifen, den Lauch Ringe schneiden.

4. Die Cabanossi schräg in Scheiben schneiden. Alles zusammen zu den Kichererbsen geben und in weiteren 10 Minuten fertiggaren.

5. Den Eintopf mit Paprika, Pfeffer, Cayennepfeffer oder Tabasco pikant scharf abschmecken. Die Petersilie waschen, trockentupfen, klein schneiden und den fertigen Eintopf damit bestreuen.

(auf dem Foto rechts)

deutsche Küche · herzhaft

Kichererbsentopf mit Wirsing

ca. 2 1/2 Stunden
Einweichzeit: über Nacht
ca. 840 kcal

- 250 g Kichererbsen
- 300 g Rindfleisch zum Kochen (ohne Knochen)
- 200 g Räucherspeck
- 1 Zwiebel
- 1 Lorbeerblatt
- 2 Nelken
- 2 Kartoffeln
- 2 Möhren
- 1 Stange Lauch
- 200 g Wirsingkohl
- 1 EL Tomatenpüree
- Salz und Pfeffer
- 1 TL Oreganoblättchen

1. Die Kichererbsen waschen und über Nacht in 1 1/2 l kaltem Wasser einweichen.

2. Die Erbsen in ein Sieb abgießen, abtropfen lassen und kalt abspülen. Sie dann in einen Topf geben, mit Wasser auffüllen und aufkochen.

3. Das Fleisch und den Speck in Würfel schneiden. Die Zwiebel schälen und fein würfeln. Alles zusammen mit dem Lorbeerblatt und den Nelken zu den Erbsen geben und weitergaren.

4. Die Kartoffeln schälen und würfeln. Das übrige Gemüse putzen, waschen und klein schneiden. Die Kartoffeln, das Gemüse und das Tomatenpüree zu den Erbsen geben.

5. Alles langsam 20 Minuten garen, bis die Kichererbsen und das Gemüse weich sind und die Flüssigkeit fast verkocht ist. Zuletzt mit Salz und Pfeffer herzhaft abschmecken und mit den Oreganoblättchen bestreuen.

mal was anderes · vegetarisch

Amerikanischer Bohnentopf

ca. 1 1/2 Stunden
Einweichzeit: über Nacht
ca. 670 kcal

- **500 g Red Kidney Bohnen**
- **150 g Erdnüsse**
- **1 Bund Frühlingszwiebeln**
- **200 g Stangensellerie**
- **2 Kartoffeln**
- **1 EL Erdnussöl**
- **500 g passierte Tomaten (aus der Dose)**
- **etwas Gemüsebrühe**
- **3 Zweige Bohnenkraut**
- **3 EL Thymianblättchen**
- **Salz und Pfeffer**
- **5 Tropfen Tabasco**
- **1/2 Bd. Koriander**

1. Die Bohnen über Nacht in reichlich kaltem Wasser einweichen und in etwa 1 Stunde weich kochen.

2. Die Hälfte der Erdnüsse fein mahlen, die übrigen ohne Fett in einer Pfanne leicht anrösten. Die Frühlingszwiebeln und den Stangensellerie waschen, putzen und in etwa 1 cm breite Ringe schneiden. Die Kartoffeln schälen und in kleine Würfel schneiden.

3. Das Erdnussöl in einem Topf erhitzen, das Gemüse und die Bohnen dazugeben und andünsten. Die gemahlenen Erdnüsse darüberstreuen und kurz weiterdünsten. Schließlich die Tomaten, etwas Gemüsebrühe, Bohnenkraut und Thymian dazugeben und alles bei geringer Hitze etwa 1 Stunde köcheln lassen.

4. Den Bohnentopf mit Salz, Pfeffer und Tabasco würzig abschmecken. Den Koriander abzupfen und die Blätter fein hacken. Den Koriander unter den Bohnentopf mischen und die restlichen Erdnüsse darüberstreuen.

Italienische Bohnensuppe

aromatisch · frisch

1. Die Zwiebel schälen und fein hacken. Den Sellerie waschen und in dünne Scheiben schneiden. Den Knoblauch schälen und zerdrücken.

2. In einem großen Topf bei mittlerer Hitze das Olivenöl erhitzen. Die Zwiebel, den Sellerie und den Knoblauch darin glasig dünsten.

3. Die Möhre in Scheiben schneiden. Zusammen mit der Brühe und den Tomaten in den Topf geben. Das Ganze 35 Minuten köcheln lassen.

4. Die Bohnen abtropfen lassen. Den Spinat waschen und grob hacken. Die Zucchini ebenfalls waschen und würfeln. Alles zur Suppe geben und weitere 10 Minuten köcheln lassen.

5. Inzwischen die Nudeln nach Packungsvorschrift kochen und abgießen. Die Kräuter fein hacken. Alles zur Suppe geben und diese mit Salz und Pfeffer würzen. Vor dem Servieren jeden Teller Suppe mit 1 Esslöffel Parmesan bestreuen.

ca. 1 Stunde

ca. 340 kcal

- 1 große Zwiebel
- 1 Stange Sellerie
- 2 Knoblauchzehen
- 2 EL Olivenöl
- 1 kleine Möhre
- 1/4 l Hühnerbrühe
- 500 g Tomaten (aus der Dose)
- 1 Dose weiße Bohnen (400g) • 250 g Spinat
- 1 kleine Zucchini
- 125 g Spiralnudeln
- 4 Basilikumblätter
- 1 Bund Petersilie
- 1 TL Oregano
- Salz • Pfeffer
- 50 g ger. Parmesan

Perlhuhn mit Kichererbsen

gut für Gäste · aufwendig

ca. 1 1/2 Stunden

ca. 1032 kcal

- 1 Hummer
- 150 g Blattspinat
- 100 g Hartweizengrieß
- 2 Eier
- etwas Salz
- 1TL Öl
- 2 Zwiebeln
- 100 g Butter
- 1 Knoblauchzehe
- 100 g Kichererbsen
- 200 ml Sojasauce
- frisch gem. weißer Pfeffer
- 2 Tomaten
- 1/2 Bund Koriander
- 1 Eigelb
- 3 EL Paniermehl
- etwas Mehl
- 4 Perlhuhnbrüste (á 120 g)
- 100 g Kalbsfarce (Brät)
- 1 Apfel
- 1 TL geriebene Ingwerwurzel
- 1 TL Curry
- 400 g Sahne

1. Reichlich Wasser zum Kochen bringen und den Hummer 8 Minuten kochen, kalt abschrecken und vorsichtig auslösen. Den Spinat waschen, auspressen und die Hälfte pürieren. Aus dem Hartweizengrieß, dem pürierten Spinat, 1 Ei, 1 Prise Salz und dem Öl den Nudelteig herstellen.

2. 1 Zwiebel schälen, fein würfeln und in wenig Butter glasig dünsten. Die Knoblauchzehe durchpressen und mit den Kichererbsen in wenig Wasser garen. Die gedünsteten Zwiebelwürfel hinzufügen, alles mit 100 ml Sojasauce, Pfeffer und wenig Salz abschmecken.

3. Die Tomaten vierteln, die Kerne entfernen und das Fruchtfleisch würfeln. Den Koriander waschen und fein hacken. Das Eigelb in die ausgekühlte Erbsenmasse geben und alles mit den Tomatenwürfeln, dem Koriander und dem Paniermehl zu einer weichen Masse rühren.

4. Den Nudelteig auf einer bemehlten Fläche ausrollen und zu 15 cm langen Streifen schneiden. Die Kichererbsenmasse dünn darauf verteilen. Die Nudeln von der langen Seite her fest aufrollen. Nun die Nudelrollen in 3 cm Abstand in der Länge schräg aufschneiden, so daß Rauten entstehen.

5. Die Perlhuhnbrust schräg aufschneiden. Den Hummer in 4 Portionen teilen und jede einzeln in die restlichen Spinatblätter einwickeln.

6. Den Backofen auf 250 °C vorheizen. Die Hühnerbrüste aufklappen, mit wenig Kalbsfarce bestreichen, die Hummerpäckchen auflegen und die Brüste wieder zuklappen. Vier Alufolienquadrate von 20 x 20 cm schneiden, fetten und mit etwas Salz bestreuen. Die Perlhuhnbrüste darin verpacken und im Ofen 8 bis 10 Minuten garen.

7. Den Apfel schälen und grob würfeln. Die zweite Zwiebel schälen und fein würfeln. Beides in wenig Butter andünsten. Ingwer und Curry zugeben, mit der restlichen Sojasauce und der Sahne angießen und kochen, bis die Sauce etwas andickt. Die Nudelrauten 3 bis 4 Minuten blanchieren und abtropfen lassen. Einen Saucenspiegel gießen, die Nudelrauten und die Perlhuhnbrüste darauf anrichten.

(auf dem Foto links)

mal was anderes · pikant

Kichererbsenplätzchen

ca. 1 1/2 Stunden
Einweichzeit: über Nacht
ca. 320 kcal

- 200 g Kichererbsen
- 800 ml Gemüsebrühe
- 3 Knoblauchzehen
- 1 Zwiebel
- 2 EL Speiseöl
- 1/2 TL Paprikapulver
- je 1 Msp. Kreuzkümmel
- ger. Muskatnuss
- etwas Salz
- Pfeffer
- 2 TL Weizenvollkornmehl
- 1 Eigelb
- 1 EL geh. Petersilie
- 150 g Jogurt
- 75 Crème fraîche
- 1 Bund Schnittlauch

1. Die Kichererbsen in reichlich kaltem Wasser über Nacht einweichen. Am nächsten Tag das Wasser abgießen und in der Gemüsebrühe etwa 1 Stunde kochen lassen, bis die ganze Flüssigkeit aufgenommen ist.

2. Eine Knoblauchzehe und die Zwiebel schälen, fein hacken und beides in 1 Esslöffel Öl anbraten. Die Erbsen pürieren und mit den Gewürzen abschmecken. Das Mehl, das Eigelb, die Zwiebel-Knoblauch-Mischung und die Petersilie zugeben und alles zu einem Teig verkneten.

3. Das restliche Öl in einer Pfanne erhitzen. Aus dem Teig kleine Plätzchen formen und im Öl von beiden Seiten goldbraun braten.

4. Für die Sauce den Jogurt mit der Crème fraîche verrühren. Den restlichen Knoblauch schälen, durchpressen und dazugeben. Den Schnittlauch waschen, trockentupfen und in feine Röllchen schneiden, zur Sauce geben, und alles mit Salz und Pfeffer würzig abschmecken.

vollwertig · einfach

Linsenbratlinge mit Käse

ca. 1 Stunde
ca. 430 kcal

- 200 g Tellerlinsen
- 1/2 Tasse Gemüsebrühe (Instant)
- 1 Lorbeerblatt
- 1 kleine Zwiebel
- 1 kleine Möhre
- 2 EL Speiseöl
- 2 EL Kräuter (z.B. Schnittlauch, Dill, Petersilie, Estragon)
- 2 Eier • 60 g Weizenvollkornmehl
- 75 g Crème fraîche
- 2 EL kernige Haferflocken • etwas Salz und Pfeffer • 2 Scheiben Appenzeller

1. Die Linsen in der Brühe zusammen mit dem Lorbeerblatt im offenen Topf etwa 45 Minuten weich kochen. Danach das Lorbeerblatt entfernen.

2. Die Zwiebel schälen und fein würfeln. Die Möhre waschen und grob raspeln. 1 Esslöffel Öl erhitzen, die Zwiebelwürfel und Möhrenraspeln darin anbraten.

3. Die Kräuter waschen, trockentupfen, fein hacken und mit dem Zwiebel-Möhren-Gemisch, den Eiern, dem Mehl, der Crème fraîche und den Haferflocken zu den Linsen geben. Alles zu einem Teig verkneten und mit Salz und Pfeffer kräftig abschmecken.

4. Die Käsescheiben in kleine Quadrate schneiden. Aus dem Teig kleine Frikadellen formen. In die Mitte jeweils eine kleine, quadratische Käsescheibe einarbeiten. Das restliche Öl in einer Pfanne erhitzen und die Bratlinge von beiden Seiten goldbraun braten.

Erbsenküchlein mit Paprikasauce

vegetarisch · außergewöhnlich

1. Die Erbsen über Nacht einweichen. Die Zwiebel schälen, fein hacken und in 1 Esslöffel Butterschmalz dünsten. Die Erbsen hinzufügen, mit der Brühe aufgießen, zugedeckt 40 Minuten bei geringer Hitze kochen und pürieren.

2. Den Knoblauch durchpressen und in das Püree geben. Das Maismehl und das Eigelb unterarbeiten und die Masse mit Salz, Pfeffer und Oregano kräftig würzen. 8 Küchlein formen und in 2 Esslöffeln Butterschmalz auf jeder Seite 2 bis 3 Minuten backen.

3. Die Paprikaschoten waschen und in Streifen schneiden. Drei Streifen in Würfel schneiden, die übrigen 15 Minuten im heißen Butterschmalz dünsten, dann mit $^1/_8$ l Wasser ablöschen.

4. Das Paprikapulver, das Salz und den Pfeffer sowie die Crème fraîche zur Paprika geben und alles im Mixer pürieren. Die Sauce wieder kurz erhitzen, die Paprikawürfel dazugeben. Die Sauce zu den Erbsenküchlein servieren.

(auf dem Foto oben)

ca. 1 Stunde
Einweichen: über Nacht
ca. 420 kcal

- 150 g gelbe Erbsen
- 1 mittelgroße Zwiebel
- 5 EL Butterschmalz
- $^3/_8$ l Fleischbrühe
- 1 Knoblauchzehe
- 2 EL Maismehl
- 2 Eigelb
- etwas Salz
- schwarzer Pfeffer
- 1 TL Oregano
- 350 g rote Paprikaschoten
- $^1/_2$ TL Paprikapulver
- 1 EL Crème fraîche

rustikal · würzig

Nudeln mit türkischem Linsenragout

ca. 1 $1/4$ Stunden

ca. 470 kcal

- **300 g Rindfleisch aus der Schulter**
- **2 kleine Zwiebeln**
- **2 rote Pepperoni**
- **2 EL Öl**
- **Salz**
- **schwarzer Pfeffer**
- **$1/2$ TL Kreuzkümmel**
- **2 TL Rosenpaprika**
- **150 g Tellerlinsen**
- **$3/4$ l Fleischbrühe**
- **2 Tomaten**
- **1 kleine Stange Lauch**
- **2 Zweige Pfefferminze**
- **200 g breite Bandnudeln**

1. Das Fleisch in Würfel schneiden, die Zwiebeln vierteln. Die Peperoni waschen, entkernen und in Ringe schneiden.

2. Das Öl in einem Schmortopf erhitzen und die Fleischwürfel darin anbraten. Die Zwiebeln hinzufügen und das Ganze mit Salz, Pfeffer, Kreuzkümmel und Paprika würzen.

3. Die Linsen, die Brühe und die Peperoni zum Fleisch geben, alles aufkochen und etwa 45 Minuten schmoren lassen.

4. Die Tomaten enthäuten und achteln. Den Lauch putzen, waschen und schräg in etwa 3 cm große Stücke schneiden. Die Pfefferminze waschen und die Blätter abzupfen.

5. Die Nudeln bissfest kochen. Tomaten und Lauch zum Fleisch geben und noch etwa 5 Minuten mitgaren.

6. Inzwischen die Pfefferminze grob zerzupfen. Die Nudeln abgießen und mit dem Linsen-Ragout mischen. Die Minze darunter heben.

Rigatoni mit Bohnengemüse

italienisch · herzhaft

1. Die Nudeln kochen und abtropfen lassen. Die Bohnen ebenfalls abtropfen lassen. Die Petersilie waschen, trockentupfen und fein hacken. Das Öl erhitzen. Nudeln, Petersilie und Bohnen darin anschwitzen und beiseite stellen.

2. Die Zwiebel und den Knoblauch schälen und fein hacken. Die Champignons in Scheiben schneiden. In einem Topf oder einer großen Pfanne das Hackfleisch anbraten. Die Zwiebel, den Knoblauch, die Champignons und den Oregano zum Fleisch geben und alles etwa 10 Minuten braten.

3. Chilipulver, Brühe und Tomaten zugeben und das Gemüse sanft 10 Minuten köcheln lassen. Das Tomatenmark und den Balsamico-Essig zugeben, alles noch einmal erhitzen und mit Salz und Pfeffer abschmecken. Die Nudeln und die Sauce zusammen anrichten. Den Käse reiben und das Gericht damit bestreuen.

ca. 45 Minuten

ca. 460 kcal

- 175 g Rigatoni
- 250 g weiße Bohnen aus der Dose
- 1/2 Bund Petersilie
- 2 EL Olivenöl
- 1 mittlere Zwiebel
- 3 Knoblauchzehen
- 125 g Champignons
- 300 g gem. Hackfleisch
- 1 TL Oregano
- 1/2 TL Chilipulver
- 250 ml Fleischbrühe
- 1 Dose Tomaten (400 g)
- 1 EL Tomatenmark
- 2 EL Balsamico-Essig
- Salz • Pfeffer
- 50 g Romano Käse

aus Indien · aromatisch

Reis mit Linsen

ca. 50 Minuten
ca. 500 kcal

- 300 g Reis
- 150 g rote Linsen
- 2 grüne Chilischoten
- 2 reife Tomaten
- 20 g Ingwer
- 4 gepresste Knoblauchzehen
- 1 TL Kurkumapulver
- 1/2 TL Cayennepfeffer
- 1 große Kartoffel
- 1 Zwiebel
- 2 EL Öl
- 1 TL Kreuzkümmel
- etwas Salz
- 3 EL Koriandergrün

1. Den Reis und die Linsen getrennt weich kochen und abtropfen lassen. Die Chilischoten waschen, entkernen und in Ringe schneiden. Die Tomaten überbrühen, enthäuten, vierteln, vom Stielansatz befreien und würfeln.

2. Den Ingwer waschen, fein würfeln und mit dem Knoblauch, dem Kurkumapulver und dem Cayennepfeffer im Mörser zerreiben. Die Kartoffel schälen und in grobe Würfel schneiden.

3. Die Zwiebel schälen und fein würfeln. Das Öl in einem Topf erhitzen. Die Zwiebel darin hellbraun anbraten. Die Gewürzpaste hinzufügen und kurz mitbraten. Kreuzkümmel und Chilis ebenfalls hinzufügen.

4. Den Reis, die Linsen und die Tomaten zu den Zwiebeln geben und alles etwa 5 Minuten unter Rühren braten. Die Kartoffelwürfel, Salz und etwa 800 ml Wasser hinzufügen und das Ganze bei halb geschlossenem Topf etwa 15 Minuten sanft köcheln lassen. Das Koriandergrün hacken und das Gericht damit bestreuen.

rustikal · vegetarisch

Deftige Linsenpfanne

ca. 1 Stunde
Einweichen: über Nacht
ca. 520 kcal

- 2 EL Weizen- oder Gerstenkörner
- 100 g Linsen
- 1/2 l Gemüsebrühe
- 2 Möhren
- 2 Stangen Sellerie
- 1 Zwiebel
- 100 g frische Champignons
- 2 EL Butter
- etwas Salz
- frisch gem. Pfeffer
- 1/2 Bund Petersilie
- 1/2 Bund Schnittlauch

1. Das Getreide über Nacht in Wasser einweichen. Am nächsten Tag abgießen und mit den Linsen in 1/4 bis 1/2 l Gemüsebrühe etwa 1/2 Stunde zugedeckt köcheln lassen. Währen der ersten 5 Minuten den Deckel noch nicht schließen. Inzwischen die Möhren und den Bleichsellerie waschen und in Scheiben schneiden. Das Gemüse nach etwa 1/4 Stunde zu den Linsen geben.

2. Die Zwiebel schälen und grob hacken, die Champignons waschen, putzen und halbieren. Die Zwiebel in einer Pfanne in der Butter glasig schwitzen. Die Champignons hinzufügen und einige Minuten braten.

3. Die Linsen, das Getreide und die Möhren- und Selleriestücke mit der Zwiebel-Champignon-Masse mischen. Alles mit Salz und Pfeffer würzen. Die Petersilie und den Schnittlauch waschen und trockentupfen. Die Petersilie hacken, den Schnittlauch in feine Röllchen schneiden. Die Linsenpfanne mit den Kräutern bestreuen.

Curry-Linsen auf Naturreis

vegetarisch · außergewöhnlich

1. Linsen in 3/4 l Wasser zum Kochen bringen. Das Suppengrün waschen, putzen, klein schneiden und mit der Hälfte der Fleischbrühe zu den Linsen geben. Das Ganze etwa 20 Minuten kochen lassen, dann mit Kurkuma, Curry, Cayennpfeffer und Salz ziemlich scharf abschmecken. Zum Schluß das Tomatenmark darunterrühren. Nach Belieben mit etwas Zitronensaft abschmecken.

2. Inzwischen die Zwiebel schälen und in Würfel schneiden. Das Öl erhitzen und die Zwiebelwürfel darin andünsten. Den Reis hinzufügen und kurz mitdünsten. 1/2 l Wasser angießen, aufkochen und die restliche Brühe dazugeben. Bei schwacher Hitze etwa 20 bis 25 Minuten quellen lassen. Petersilie waschen, fein hacken und unter den Reis mischen.

3. Den Reis ringförmig auf einer Platte anrichten, die Linsen in die Mitte geben. Den Zitronensaft mit Crème fraîche verrühren und über die Linsen gießen. Mit Zitronenspalten garnieren.

ca. 45 Minuten

ca. 600 kcal

- 300 g rote Linsen
- 4 geh. TL klare Fleischbrühe
- 1 Bund Suppengrün
- Kurkuma
- Curry
- Cayennepfeffer
- Salz
- 2–3 EL Tomatenmark
- evtl. Zitronensaft
- 1 Zwiebel
- 2 EL Pflanzenöl
- 250 g Naturreis
- 1/2 Bund Petersilie
- 1 TL Zitronensaft
- 2–3 EL Crème fraîche
- Zitronenspalten

würzig · mal was anderes

Nudeln mit roten Linsen und Mais

ca. 45 Minuten

ca. 690 kcal

- 75 g rote Linsen
- 200 ml Gemüsebrühe
- 1 kleine Zwiebel
- 2 Knoblauchzehen
- 1 EL Öl
- 400 g Rinderhackfleisch
- Salz
- frisch gem. Pfeffer
- 1 kleine Dose Tomaten (400 g)
- 100 g Mais aus der Dose
- Cayennepfeffer
- Tabasco • 1 TL Oregano
- 400 g gedrehte Bandnudeln

1. Die roten Linsen in der Brühe in etwa 5 Minuten knapp bissfest garen.

2. Die Zwiebel schälen und fein würfeln. Den Knoblauch durch die Presse drücken. Das Öl erhitzen und die Zwiebel und den Knoblauch darin kurz andünsten. Das Hackfleisch hinzufügen und unter Rühren krümelig braten. Die Linsen dazugeben und alles mit Salz und Pfeffer kräftig abschmecken.

3. Die Dosentomaten zerkleinern, den Mais abtropfen lassen. Tomaten und Mais mit einem Teil der Tomatenflüssigkeit zur Linsen-Hackfleischmasse geben, erhitzen, und einkochen lassen.

4. Die Hackfleischsauce mit Cayennepfeffer und Tabasco scharf abschmecken. Erst kurz vor dem Servieren den Oregano hinzufügen.

5. Reichlich Salzwasser zum Kochen bringen. Die Nudeln bissfest garen und mit der Hackfleischsauce servieren.

(auf dem Foto oben)

Fettuccine mit Linsen-Tomaten-Sugo

preiswert · gelingt leicht

1. Die Zwiebel sowie den Knoblauch schälen und beides fein hacken. Das Suppengrün putzen, waschen und in kleine Würfel schneiden.

2. Das Öl in einem Topf erhitzen. Die Zwiebel, den Knoblauch, das Suppengrün und die Linsen darin unter Rühren etwa 3 Minuten anbraten.

3. Die Tomaten samt Saft, den Wein, das Lorbeerblatt und den Thymianstengel dazugeben. Die Sauce mit Zucker, etwas Salz und Pfeffer würzen. Das Ganze aufkochen und zugedeckt bei mittlerer Hitze etwa 25 Minuten köcheln lassen.

4. Inzwischen den Schinken in kleine Würfel schneiden. Die Oliven vierteln. Etwa 5 l Salzwasser in einem großen Topf zum Kochen bringen. Die Fettuccine hineingeben und nach Packungsanweisung bissfest kochen.

5. Das Lorbeerblatt und den Thymian aus dem Sugo entfernen. Den Schinken und die Oliven hineingeben und erwärmen. Zuletzt nochmals mit Salz, Pfeffer und Zucker abschmecken und mit den Nudeln anrichten.

ca. 40 Minuten

ca. 260 kcal

- **1 Zwiebel**
- **1–2 Knoblauchzehen**
- **1 Bund Suppengrün**
- **3 EL Olivenöl**
- **150 g Tellerlinsen aus der Dose**
- **1 große Dose geschälte Tomaten (ca. 800 g)**
- **125 ml kräftiger Rotwein**
- **1 Lorbeerblatt**
- **1 Stengel frischer Thymian**
- **1 Prise Zucker • Salz**
- **schwarzer Pfeffer**
- **200 g gekochter Schinken am Stück**
- **4–6 schwarze Oliven, entsteint**
- **500 g Fettucine**

Schwäbisches Linsengericht

deutsche Küche · preiswert

1. Die Tellerlinsen in der Gemüsebrühe 45 Minuten kochen.

2. Inzwischen die Zwiebel schälen, die Möhre putzen, waschen und beides fein würfeln. Den Lauch waschen und in dünne Scheiben schneiden.

3. Butter in einer Pfanne erhitzen und das Gemüse darin andünsten. Das Tomatenmark unterrühren. Das Ganze mit dem Weißwein und dem Zitronensaft ablöschen und zu den Linsen geben.

4. Die Crème fraîche und das Mehl glatt rühren und die Linsen damit binden. Das Ganze mit Salz, Honig und Obstessig abschmecken.

5. Die Eierspätzle kochen, in einer Pfanne im heißen Öl braten, mit Salz und Muskat würzen.

6. Den Schnittlauch waschen und in Röllchen schneiden. Die Nudeln anrichten, das Linsengemüse darüber verteilen und alles mit dem Schnittlauch bestreuen.

ca. 1 1/4 Stunden

Einweichzeit: über Nacht

ca. 760 kcal

- **400 g Tellerlinsen**
- **1/2 l Gemüsebrühe**
- **1 Zwiebel • 2 Möhren**
- **1 kleine Stange Lauch**
- **2 EL Butter**
- **2 EL Tomatenmark**
- **1/8 l Weißwein**
- **Saft von einer Zitrone**
- **200 g Crème fraîche**
- **1–2 EL Vollkornmehl**
- **Salz • 2 EL Honig**
- **4 EL Obstessig**
- **200 g Eierspätzle**
- **1 EL Öl • 1 Pr. Muskat**
- **1 Bund Schnittlauch**

deutsche Küche · rustikal

Kasseler mit Erbsenpüree

ca. 1 1/2 Stunden

ca. 660 kcal

- 1 kg Kasseler am Stück
- 2 Zwiebeln
- 1 Bund Suppengrün
- 400 g grüne Schälerbsen
- 1 EL Butter
- etwas Salz
- frisch gemahlener Pfeffer
- 2 EL Rotwein

1. Den Backofen auf 175 °C vorheizen. Das Fleisch auf dem Rost über der Fettpfanne etwa 45 Minuten braten.

2. Eine Zwiebel schälen, vierteln und in den entstehenden Bratensatz legen. Den Bratensatz nach einiger Zeit mit etwas heißem Wasser lösen und das Fleisch mit diesem Bratenfond ab und zu begießen.

3. Für das Püree das Suppengrün waschen. Die zweite Zwiebel schälen und alles in feine Würfel schneiden. Die Erbsen knapp mit Wasser bedecken und zum Kochen bringen. Das Suppengrün und die Zwiebel dazugeben und alles etwa 45 Minuten kochen lassen.

4. Die Erbsen mit dem Pürierstab pürieren. Die Butter unterrühren, alles mit Salz und Pfeffer abschmecken.

5. Das Kasseler herausnehmen. Den Bratensatz mit etwas Wasser und dem Rotwein loskochen und mit Salz und Pfeffer abschmecken.

herzhaft · einfach

Lammhaxen und Linsen-Möhren-Gemüse

ca. 1 1/2 Stunden

ca. 810 kcal

- 4 Lammhaxen
- Salz • Pfeffer
- 3 EL Butterschmalz
- 1/4 l Rotwein
- 1/4 l Fleischbrühe
- 1 Zwiebel
- 2 Knoblauchzehen
- 200 g Möhren
- 150 g Sellerie
- 1 Stange Lauch
- 1 EL Butter
- 250 g Tellerlinsen
- 2 Thymianzweige
- 3 Lorbeerblätter
- 6 Pimentkörner

1. Den Backofen auf 175 °C vorheizen. Die Haxen mit Salz und Pfeffer würzen. Das Schmalz in einem Bräter erhitzen, das Fleisch darin rundherum kräftig anbraten, dann im Backofen etwa 1 1/4 Stunden braten. Den Wein und die Hälfte der Brühe nach und nach zugießen.

2. In der Zwischenzeit die Zwiebel und den Knoblauch schälen, die Möhren und den Sellerie waschen und alles fein würfeln. Den Lauch putzen, waschen und in feine Ringe schneiden.

3. Die Butter in einem Topf erhitzen und das Gemüse darin andünsten. Die Linsen, die restliche Brühe sowie die Thymianzweige, die Lorbeerblätter und die Pimentkörner dazugeben. Alles etwa 45 Minuten garen und würzig abschmecken. Das Linsengemüse zu den Lammhaxen servieren.

Rotbarschfilets auf Linsengemüse

mal was anderes · rustikal

1. Vom Dill etwas beiseite legen, den Rest fein hacken. Möhre und Sellerie schälen und fein würfeln.

2. Die Schalotten schälen, fein hacken und in Olivenöl andünsten. Das Tomatenmark, die braunen Linsen und den Fischfond hinzufügen und alles etwa 15 Minuten kochen.

3. Die grünen Linsen dazugeben, das Ganze weitere 15 Minuten kochen. Dann die roten Linsen, die Möhren- und Selleriewürfel etwa 10 Minuten mitkochen lassen.

4. Die Crème double unter das Linsengemüse rühren, kurz aufkochen lassen und mit Pernod, dem Dill, Salz und Pfeffer mild abschmecken.

5. Barschfilets mit Zitronensaft, Salz und Pfeffer würzen und mit Mehl bestäuben. Das Öl erhitzen, die Butter dazugeben und die Filets in dieser Mischung auf beiden Seiten braten. Filets auf dem Linsengemüse anrichten und mit Dillsträußchen garnieren.

(auf dem Foto oben)

ca. 1 1/2 Stunden

ca. 890 kcal

- **1/2 Bund Dill**
- **1 mittelgroße Möhre**
- **100 g Knollensellerie**
- **2 Schalotten**
- **6 EL Olivenöl**
- **2 TL Tomatenmark**
- **80 g braune Linsen**
- **400 ml Fischfond**
- **80g grüne Linsen**
- **100 g rote Linsen**
- **300 g Crème double**
- **1 EL Pernod**
- **1/2 TL Salz • Pfeffer**
- **8 Barschfilets à ca. 70 g**
- **Zitronensaft**
- **2 EL Mehl • 1 EL Butter**

vegetarisch · feurig

TAGLIATELLE MIT ROTEN FEUERBOHNEN

ca. 1 1/4 Stunden
Einweichzeit: über Nacht
ca. 930 kcal

- 500 g Red Kidney Bohnen
- 2 Zwiebeln
- 1 Möhre
- 4 EL Butter
- 1 Pfefferschote
- 2 Knoblauchzehen
- Salz
- 2 EL Tomatenmark
- 2 EL Mehl
- 3/8 l Gemüsebrühe
- 1/8 l Rotwein
- 400 g Tagliatelle
- 1 TL Thymian
- 200 g Crème fraîche
- frisch gemahlener Pfeffer

1. Die Bohnen über Nacht einweichen. Dann in reichlich Wasser etwa 30 Minuten garen.

2. Die Zwiebeln schälen und in feine Würfel schneiden. Die Möhre putzen, waschen und in Scheiben schneiden. Die Butter in einem Topf erhitzen und Zwiebeln und Möhre darin andünsten.

3. Die Pfefferschote fein hacken, die Knoblauchzehen schälen und mit Salz im Mörser zerreiben. Beides zum Gemüse geben und kurz mitdünsten.

4. Das Tomatenmark unter das Gemüse rühren, alles mit dem Mehl bestäuben, mit der Brühe und dem Rotwein angießen und etwa 10 Minuten köcheln lassen.

5. Die Nudeln nach Anweisung bissfest garen und abtropfen lassen. Die Bohnen abtropfen und mit dem Thymian und der Crème fraîche zur Sauce geben, alles kurz aufkochen und mit Pfeffer und Salz abschmecken. Die Nudeln mit der Sauce sofort servieren.

(auf dem Foto rechts: oben)

scharf · aus Südamerika

CHILIHÄHNCHEN MIT WEISSEN BOHNEN

ca. 1 Stunde
ca. 490 kcal

- 1 Zwiebel • 2 Knoblauchzehen • 1 rote Paprikaschote • 2 Sellerie • 2 Pfefferschoten • 500 g Hähnchenbrust • 2 EL Öl • 1 EL Kreuzkümmel • 2 TL Koriander • 1/2 TL Cayennepfeffer • 1/2 TL Salz • 1/4 TL Pfeffer
- 1 Dose weiße Bohnen (800 g)
- 1 Dose Tomaten (400 g)
- 3 EL Tomatenmark
- 1 Dose Maiskörner
- Bund Koriandergrün
- Saft von 1 Zitrone
- 100 g Cheddar
- 4 EL saure Sahne

1. Die Zwiebel und den Knoblauch schälen und fein hacken. Die Paprika und den Sellerie in Würfel schneiden. Die Pfefferschoten fein hacken. Das Hühnerfleisch in Würfel schneiden.

2. In einem großen Topf das Öl erhitzen und das Fleisch darin anbraten. Die Zwiebel, den Knoblauch, den Sellerie, die Paprika und die Gewürze dazugeben und alles bei schwacher Hitze etwa 20 Minuten dünsten.

3. Die Bohnen abtropfen lassen, mit den Tomaten und dem Tomatenmark zum Fleisch geben und weitere 20 Minuten köcheln lassen.

4. Den Mais abtropfen, zum Eintopf geben und noch einmal aufkochen. Inzwischen das Koriandergrün fein hacken. Den Koriander und den Zitronensaft unter den Eintopf mischen. Vor dem Servieren Cheddarkäse darüberreiben und saure Sahne hinzufügen.

(auf dem Foto rechts: unten)

auch für Kinder · gelingt leicht

Gegrilltes Huhn mit Bohnengemüse

ca. 1 Stunde
Einweichzeit: über Nacht
Marinierzeit: über Nacht
ca. 1220 kcal

- **500 g Bohnen Mix**
- **2 ganze Hähnchen**
- **1 TL Paprikapulver**
- **4 EL Öl**
- **4 EL Soja-Sauce**
- **1 EL Tomatenmark**
- **1 l Gemüsebrühe (Instant)**
- **300 g Lauch**
- **1 EL Butter**
- **Salz**
- **frisch gem. Peffer**
- **1 TL getr. Thymian**
- **3 EL Crème fraîche**

1. Die Bohnen über Nacht in kaltem Wasser einweichen.

2. Ebenfalls am Vorabend die Hähnchen halbieren. Paprikapulver, Öl, Soja-Sauce und Tomatenmark verrühren und die Hähnchen damit bestreichen, über Nacht marinieren.

3. Den Backofen auf 200 °C vorheizen. Die Hähnchen mit der Haut nach unten auf ein Backblech legen und 15 Minuten im Ofen grillen. Anschließend die Hähnchen wenden und weitere 30 Minuten grillen.

4. Die Bohnen in der Brühe etwa 30 Minuten garen. Den Lauch putzen, waschen und in feine Ringe schneiden.

5. Die Bohnen abtropfen lassen. Die Butter in einem Topf zerlassen und den Lauch darin andünsten. Die Bohnen zugeben und alles mit Salz, Pfeffer und Thymian abschmecken. Crème fraîche unterrühren, herzhaft abschmecken und das Bohnengemüse mit den Hähnchen servieren.

Mexikanische Steaks mit Bohnenpüree

würzig · außergewöhnlich

1. Die Bohnen über Nacht einweichen lassen.

2. Eine Chilischote in feine Streifen schneiden. Mit dem Öl, Salz, Pfeffer und Kreuzkümmel verrühren und die Steaks damit etwa 45 Minuten marinieren.

3. Den Backofen auf 200 °C vorheizen. Die Kartoffeln waschen, in Alufolie einwickeln und etwa 45 Minuten im Ofen backen.

4. Die Bohnen in der Brühe etwa 30 Minuten garen. Den Knoblauch schälen und halbieren. Die Bohnen abtropfen lassen, Tomatenmark und Knoblauch unterrühren und alles pürieren.

5. Die zweite Chilischote fein würfeln und mit Salz und Pfeffer zum Bohnenpüree geben. Die Crème fraîche und die Schnittlauchröllchen unterrühren.

6. Eine Pfanne stark erhitzen und die Steaks von beiden Seiten scharf anbraten. Die Steaks salzen und von jeder Seite noch 2 Minuten braten.

ca. 1 1/4 Stunden
Einweichzeit: über Nacht
Marinierzeit: 45 MInuten
ca. 760 kcal

- 500 g Red Kidney Bohnen
- 2 Chilischoten
- 2 EL Öl • Salz • Pfeffer
- 1 Pr. gem. Kreuzkümmel
- 4 Rindersteaks
- 4 große Kartoffeln
- 1 l Gemüsebrühe (Instant)
- 2 Knoblauchzehen
- 2 EL Tomatenmark
- 2 EL Crème fraîche
- 2 EL Schnittlauchröllchen

Tofu-Linsen-Pastetchen „Nagano“

für Gäste · japanisch

1. Die Teigplatten auftauen lassen. Die Brühe aufkochen, Linsen und Thymian einstreuen und zugedeckt bei geringer Hitze 10 Minuten köcheln lassen. Die Linsen abtropfen lassen.

2. Den Tofu 5 Minuten wässern, in Würfel schneiden und mit den Linsen mischen. Die Masse mit Sojasauce, Pfeffer, Zitronenschale, Koriander und den gehackten Kräutern mischen und würzig abschmecken.

3. Den Backofen auf 200 °C vorheizen. Die Blätterteigplatten aufeinander legen und auf einer bemehlten Arbeitsfläche dünn ausrollen. 12 Quadrate ausschneiden, die Ränder mit etwas Wasser befeuchten.

4. Jeweils etwas Tofu-Linsen-Mischung auf die Teigstücke setzen und diese zu Dreiecken, Säckchen und Vierecken zusammenfalten. Die Ränder festdrücken.

5. Die Pasteten auf ein mit Backpapier ausgelegtes Blech setzen. Das Eigelb mit der Milch verquirlen, die Pastetchen damit einpinseln, mit Sesam bestreuen und etwa 15 Minuten backen.

(auf dem Foto links)

ca. 1 1/4 Stunden
Zeit zum Auftauen:
ca. 1 Stunde
ca. 570 kcal

- 1 Paket TK- Blätterteig (300 g)
- 350 ml Gemüsebrühe
- 175 g rote Linsen
- 1 TL frische Thymianblättchen
- 250 g Tofu
- 3 EL Sojasauce
- schwarzer Pfeffer
- abger. Zitronenschale (unbehandelt)
- 1/2 TL gem. Koriander
- 4 EL geh. glatte Petersilie
- 4 EL Schnittlauchröllchen
- 1 Eigelb • 4 EL Milch
- 25 g Sesamsamen

Bohnen-Mais-Torte

einfach · gelingt leicht

1. Die Bohnen in reichlich Wasser 1 3/4 Stunden kochen. Den Blätterteig auftauen lassen. Eine Backform ausfetten. Den Teig dünn ausrollen und in die Form legen. Den Boden mehrmals einstechen. Den Ofen auf 200 °C vorheizen.

2. Die Wurst in Würfel schneiden. Die Zwiebel und den Knoblauch schälen und fein hacken. Den Lauch putzen, waschen und in Ringe schneiden. Den Mais abtropfen lassen. Das Öl in einer Pfanne erhitzen. Die Zwiebel, den Knoblauch und den Lauch darin andünsten. Den Mais, die Bohnen und die Wurst zugeben und alles kurz anbraten.

3. Die Bohnenmasse auf den Teigboden verteilen. Den Käse reiben und die Torte damit bestreuen. Alles etwa 45 Minuten backen. Zum Schluß den Schnittlauch waschen, trochentupfen, in Röllchen schneiden und über die fertige Torte streuen.

ca. 3 Stunden
Zeit zum Auftauen:
ca. 1 Stunde
ca. 920 kcal

- 1 Packung TK-Blätterteig • 1 EL Fett
- 300 g harte Mettwurst (z. B. Cabanossi)
- 1 kleine Zwiebel
- 1 Knoblauchzehe
- 2 Stangen Lauch
- 1 kleine Dose Maiskörner (150 g)
- 1 EL Öl
- 400 g Wachtelbohnen
- 125 g Cheddar-Käse
- 1/2 Bund Schnittlauch

herzhaft-süß · vegetarisch

Linsen-Lauch-Auflauf

ca. 1 3/4 Stunden

ca. 640 kcal

- 1 kleine Zwiebel
- 1 Lorbeerblatt
- 150 g Tellerlinsen
- Salz
- frisch gem. Pfeffer
- 3/8 l Fleischbrühe
- 250 g Lauch
- 75 g Rosinen
- etwas Chilipulver
- etwas Fett für die Form
- 3 EL Semmelbrösel
- 2 EL Butterflöckchen

1. Die Zwiebel schälen und mit dem Lorbeerblatt spicken. Die Zwiebel mit den Linsen in einen Topf geben, salzen, pfeffern, mit der Fleischbrühe aufgießen und 30 bis 45 Minuten kochen. Den Backofen auf 200 °C vorheizen.

2. Den Lauch putzen, waschen, in Ringe schneiden und mit den Linsen und den Rosinen mischen. Alles mit Salz, Pfeffer und Chilipulver kräftig würzen und in eine gefettete Form füllen.

3. Die Masse mit Semmelbröseln bestreuen und mit Butterflöckchen besetzen. Den Auflauf etwa 40 Minuten backen. Eventuell mit Frühlingszwiebelringen und Salamischeiben garnieren.

Tipp

Garnieren Sie den Auflauf mit Salamischeiben. Servieren Sie dazu einen Tomatensalat mit Schafskäse und einer Balsamico-Sauce.

köstlich · gelingt leicht

Nudel-Linsen-Gratin

ca. 1 Stunde

ca. 550 kcal

- 250 g Spiralnudeln
- 150 g Möhren
- 1 Zwiebel
- 1 kleine grüne Paprika
- 1 EL Butter
- 200 g gekochter Schinken
- 1 Dose Tellerlinsen (400 g)
- 1 EL Fett für die Form
- 250 g Magerquark
- 100 g Crème fraîche
- 2 Eier
- Salz
- frisch gem. Pfeffer
- 2 TL Thymian

1. Die Nudeln in kochendem Salzwasser bissfest garen und kalt abschrecken.

2. Den Backofen auf 180 °C vorheizen. Die Möhren und die Zwiebel schälen und würfeln. Die Paprika waschen und in feine Streifen schneiden. Die Butter in einer Pfanne erhitzen und das Gemüse darin andünsten. Den Schinken in kleine Würfel schneiden. Die Linsen abtropfen lassen.

3. Eine Auflaufform ausfetten. Die vorbereiteten Zutaten in die Form einfüllen. Den Quark mit der Crème fraîche und den Eiern verrühren, mit Salz, Pfeffer und Thymian abschmecken. Die Quarkmischung auf der Nudel-Linsen-Masse verteilen und im Backofen etwa 30 Minuten backen.

(auf dem Foto oben rechts)

Tipp

Diesen Auflauf mögen auch Kinder sehr gerne. Noch farbenfroher wird er, wenn Sie bunte Spiralnudeln nehmen, die mit Spinat und Paprika gefärbt sind.

WEISSE-BOHNEN-AUFLAUF *herzhaft · vegetarisch*

1. Die Bohnen über Nacht in 600 ml Wasser einweichen und mit dem Einweichwasser, dem Gemüsebrühwürfel, den Kräutern und dem Kümmel in etwa 60 Minuten bei schwacher Hitze weich kochen.

2. Inzwischen das Gemüse putzen, waschen und klein schneiden. Die Zwiebel im heißen Öl glasig dünsten, das restliche Gemüse dazugeben, alles mit der Gemüsebrühe angießen und 10 bis 15 Minuten auf kleiner Flamme garen.

3. Den Backofen auf 200 °C vorheizen. Die abgetropften Bohnen unter die Gemüsemischung mengen und alles in eine gefettete Auflaufform füllen. Die saure Sahne mit Salz und Pfeffer würzen, den Käse reiben und unter die Sahne rühren. Diese Sauce auf dem Bohnengemüse verteilen.

4. Den Auflauf etwa 15 Minuten überbacken. Inzwischen die Petersilie waschen, trockentupfen und fein hacken. Den fertigen Auflauf mit der Petersilie bestreuen.

ca. 1 1/2 Stunden
Einweichzeit: über Nacht
ca. 580 kcal

- 150 weiße Bohnen
- 1/2 Gemüsebrühwürfel
- je 1/2 TL Thymian, Bohnenkraut und Kümmel
- 200 g Möhren
- 1 Petersilienwurzel
- 100 g Lauch
- 50 g Sellerie
- 1 kleine Zwiebel
- 2 EL Öl
- 1/8 l Gemüsebrühe
- etwas Fett für die Form
- 125 g saure Sahne
- Salz • Pfeffer
- 50 g Käse
- 1 Bund Petersilie

mediteran · aromatisch

Bohnenstew mit geröstetem Gemüse

ca. 1 1/2 Stunden
Einweichzeit: ca. 1 Std.
ca. 320 kcal

- 1 Aubergine
- 3 Knoblauchzehen
- 2 Zwiebeln
- 1 Zucchini
- 1 rote Paprikaschote
- 1 gelbe Paprikaschote
- 4 mittlere Kartoffeln
- 200 g Champignons
- 4 EL Olivenöl
- 1 Dose Tomaten (400 g)
- 250 ml Gemüsebrühe
- 1 Dose weiße Bohnen (400 g)
- 3 EL Tomatenmark
- Salz • Pfeffer
- Chilipulver

1. Die Aubergine würfeln, in ein Sieb geben und mit 2 Esslöffeln Salz bestreuen. Mit einem Teller abdecken und 1 Stunde ziehen lassen. Mit kaltem Wasser abspülen und trockentupfen.

2. Den Knoblauch und die Zwiebeln schälen, fein würfeln. Die Zucchini in dickere Scheiben schneiden. Die Paprika würfeln. Die Kartoffeln schälen und grob würfeln. Die Champignons vierteln.

3. In einer großen Pfanne 2 Esslöffel Olivenöl erhitzen, Auberginenwürfel und Knoblauch darin anbräunen, herausnehmen und in eine feuerfeste Kasserolle füllen. Das restliche Gemüse in der Pfanne andünsten und, falls erforderlich noch etwas Olivenöl zugeben.

4. Den Backofen auf 180°C vorheizen. Das Gemüse zu den Auberginen geben. In einer Schüssel die Tomaten, Brühe, Bohnen, Tomatenmark und Gewürze vermischen. Die Sauce über das Gemüse geben, mit Folie abdecken und 1 Stunde backen.

Gebackene Bohnen „Kanadische Art"

herzhaft-süß · sättigend

1. Den Speck würfeln. Die Zwiebel schälen und fein hacken. Die Paprika waschen und fein würfeln. Die Bohnen abtropfen lassen.

2. In einem Topf das Olivenöl auf mittlerer Flamme erhitzen. Den Speck kurz ausbraten, die Zwiebel und die Paprikaschote zugeben und solange dünsten, bis das Gemüse weich ist. Alles in eine Kasserole umfüllen und die Bohnen unterrühren.

3. Den Backofen auf 150 °C vorheizen. Das Tomatenmark, das Salz, den Zucker und den Sirup vermischen und unter das Bohnengemüse geben. Im Backofen zugedeckt 1 Stunde backen. Falls erforderlich, zwischendurch etwas Wasser zugeben. 15 bis 20 Minuten vor Ende der Garzeit die Folie entfernen und das Gericht Farbe annehmen lassen.

Tipp

Ahornsirup erhalten Sie inzwischen in den meisten Lebensmittelgeschäften, auf jedenfall aber in Reformhäusern und Naturkostläden.

ca. 1 1/2 Stunden

ca. 630 kcal

- 4 dicke Scheiben Frühstücksspeck
- 1 große Zwiebel
- 1 grüne Paprika
- 1 Dose weiße Bohnen
- 1 EL Olivenöl
- 1 Dose Tomatenmark (ca. 160 ml)
- etwas Salz
- 75 g brauner Zucker
- 5 EL Ahornsirup

außergewöhnlich · sättigend

Linsen-Erbsen-Gratin

ca. 1 1/4 Stunden
Einweichzeit: über Nacht
ca. 740 kcal

- 150 g grüne Erbsen
- 150 g gelbe Erbsen
- 1 Bund Frühlingszwiebeln
- 2 EL Butter
- 2 EL gehackte Walnusskerne
- 150 g rote Linsen
- 200 g Gouda
- 250 ml Milch
- 4 Eier
- Salz
- frisch gemahlener Pfeffer
- ger. Muskatnuss

1. Die grünen und die gelben Erbsen waschen und getrennt über Nacht in kaltem Wasser einweichen. Am nächsten Tag getrennt im Einweichwasser weichkochen und abtropfen lassen.

2. Den Backofen auf 200 °C vorheizen. Die Frühlingszwiebeln putzen, waschen, in feine Ringe schneiden und in der Butter glasig dünsten.

3. Eine Auflaufform ausfetten und den Boden mit den gedünsteten Frühlingszwiebeln auslegen. Nun die Linsen und Erbsen diagonal als Streifen daraufgeben. Die Walnüsse darüberstreuen.

4. Den Ofen auf 200 °C vorheizen. Für den Guß den Gouda reiben und mit der Milch und den Eiern verquirlen. Die Sauce mit Salz, Pfeffer und Muskatnuss abschmecken und über die Linsen gießen. Das Gratin bei 200 °C etwa 40 Minuten backen.

(auf dem Foto rechts: oben)

Tipp
Sie können den Käse auch fertig gerieben kaufen.

vegetarisch · leicht

Hirseauflauf mit Bohnen und Tomaten

ca. 3 Stunden
ca. 360 kcal

- 400 g Wachtelbohnen
- 1 große Zwiebel
- 1 EL Butter
- 200 g Hirse
- 600 ml Gemüsebrühe
- 3 große Tomaten
- 1 Bd. Petersilie
- etwas Salz
- frisch gem. schwarzer Pfeffer
- 1 EL Fett für die Form
- 60 g mittelalter Gouda
- 1 EL Vollkornpaniermehl

1. Die Wachtelbohnen 1 3/4 Stunden gar kochen. Die Zwiebel schälen und würfeln. Die Zwiebelwürfel in der Butter glasig dünsten. Die Hirse dazugeben, kurz mitdünsten und alles mit der Brühe angießen. Die Suppe 8 bis 10 Minuten köcheln lassen. Die Kochplatte ausschalten und die Hirse etwa 20 Minuten quellen lassen.

2. Den Backofen auf 200 °C vorheizen. Die Tomaten halbieren, die Stielansätze herausschneiden, das Fruchtfleisch entkernen und würfeln. Die Petersilie fein hacken und bis auf einen Esslöffel in die Hirsemasse einrühren, dann die Wachtelbohnen und die Tomaten dazugeben, mit Salz und Pfeffer würzen.

3. Eine Auflaufform ausfetten und die Hirsemasse einfüllen. Den Gouda reiben, zusammen mit dem Paniermehl über den Auflauf streuen und diesen etwa 1/2 Stunde im Ofen backen. Den Auflauf vor dem Servieren mit der restlichen Petersilie bestreuen.

(auf dem Foto rechts: unten)

KÜCHE DER WELT
Rote Linsen
Split Red Lentils
Müller's Mühle
Müller's

würzig · herzhaft

KIDNEYBOHNENAUFLAUF

ca. 1 Stunde
Einweichzeit: über Nacht
ca. 600 kcal

- **250 g Red Kidney Bohnen • Salz**
- **75 g Naturreis**
- **1 Zwiebel**
- **1 Knoblauchzehe**
- **1 EL Öl • 250 g gemischtes Hackfleisch**
- **2 EL Tomatenmark**
- **Pfeffer • Paprikapulver**
- **Curry**
- **2 Möhren**
- **1 Stange Lauch**
- **1 grüne Paprika**
- **100 ml Gemüsebrühe**
- **2 EL saure Sahne**
- **150 g Emmentaler**

1. Die Bohnen über Nacht einweichen und am nächsten Tag etwa 30 Minuten garen.

2. 150 ml Wasser mit etwas Salz zum Kochen bringen und den Reis etwa 20 Minuten darin quellen lassen.

3. Die Zwiebel und den Knoblauch schälen und fein hacken. Das Öl erhitzen, und die Zwiebel und den Knoblauch darin andünsten. Das Hackfleisch und das Tomatenmark dazugeben und kräftig anbraten. Die Masse mit den Gewürzen abschmecken.

4. Den Backofen auf 200 °C vorheizen. Das Gemüse waschen und in Würfel schneiden. Die Bohnen abtropfen lassen. Eine Auflaufform ausfetten und den Reis, das Gemüse, die Bohnen und das Hackfleisch schichtweise einfüllen.

5. Die Brühe mit der sauren Sahne verrühren, mit Salz und Pfeffer abschmecken und über den Auflauf geben. Den Käse fein reiben und über den Auflauf verteilen. Ihn etwa 30 Minuten im Backofen überbacken.

Dieses Buch gehört zu einer Kochbuchreihe, die die beliebtesten Themen aus dem Bereich Essen und Trinken aufgreift. Sie erhalten die Titel überall dort, wo es Bücher gibt.

Der Verlag dankt der Firma Müller's Mühle, Gelsenkirchen, für die freundliche Unterstützung.

Müller's Mühle

GARANTIERT GUTES GELINGEN

Dieses Buch wurde auf chlorfrei gebleichtem und säurefreiem Papier gedruckt.

ISBN 3 8068 2198 4

Umschlaggestaltung: Peter Udo Pinzer
Gestaltung: Horst Bachmann
Redaktion: Barbara Fleig
Umschlagfotos: vorne außen: FALKEN Archiv (»Gewürzte Linsen«, Seite 13); vorne innen: TLC-Foto-Studio GmbH, Velen-Ramsdorf (»Linsen-Erbsen-Gratin« und »Hirseauflauf mit Bohnen und Tomaten«, Seite 60); hinten: Knorr, Heilbronn (» Kichererbsen-Eintopf mit Cabanossi«, Seite 34)
Fotos: Biskin Spezial: S. 28; **Deutsches Teigwareninstitut:** S. 46; **Kikkoman:** S. 38 und 54; **Knorr,** Heilbronn: S. 35 und 45; **Livio Öl:** S. 22; **Mazola:** S. 19; **Müller's Mühle:** S. 10, 25, 37, 43, 58 und 59; **Surig-Essig-Essenz:** S. 7 und 29; **TLC-Foto-Studio GmbH,** Velen-Ramsdorf: S. 16, 21, 30, 41, 51, 52, 53, 57, 61, 62; **USA-Erdnüsse:** S. 36; alle übrigen Fotos: **FALKEN Archiv**

Produktion & Satz: VerlagsService Dr. Helmut Neuberger
& Karl Schaumann GmbH, Heimstetten
Druck: Ludwig Auer GmbH, Donauwörth

817 2635 4453 6271